Der Baum der Erkenntnis
und der Baum des Lebens

Johanna Arnold

Der Baum der Erkenntnis und der Baum des Lebens

Die zwei Wege des Transhumanismus

Neuauflage 2019
Erschienen im Synergia Verlag, Basel, Zürich, Roßdorf
eine Marke der Sentovision GmbH
www.synergia-verlag.ch
Vertrieb durch Synergia Auslieferung
www.synergia-auslieferung.de

Alle Rechte vorbehalten
Copyright © 2019 Synergia
Copyright © 2019 Johanna Arnold

Umschlag-Gestaltung: Fontfront.com

ISBN: 978-3-906873-83-1

Bibliografische Information der Deutschen Bibliothek
Die Deutsche Bibliothek verzeichnet diese Publikation in der deutschen Nationalbibliographie; detaillierte bibliografische Daten sind im Internet unter http://dnb.ddb.de abrufbar.

Dieses Buch ist auf der irdischen Ebene all den mutigen Vorkämpfern gewidmet, die sich an vorderster Front zur Wahrheit bekennen und bekannt haben und bereit sind und waren, dafür ihr Leben aufs Spiel zu setzen.

Durch ihre Unglaubhaftigkeit entzieht sich die Wahrheit dem Erkanntwerden. Heraklit von Ephesos um 500 v. Chr.

Und es ist auf der geistigen und galaktischen Ebene all den aufgestiegenen Wesenheiten gewidmet, die uns und unserer Erde helfend zur Seite stehen für den Sprung in den nächsten wunderbaren Evolutionszyklus.

Inhalt

Vorwort 9

Teil I

Alles Hypnose?	19
Schöpfungsarchitektur	25
Der Baum der Erkenntnis	31
Der Sündenfall	35
Die Geburt des Menschen	51
Und sie bewegt sich doch!	57
Abstieg in die Materie	62
Der Fall in die Materie	64

Teil II

Am Ende wird er sein Haupt erheben	72
Die neue Weltordnung	78
Hinter den Kulissen wird die Welt verändert	83
Alles muss neu werden	89
Die Brücke zwischen Geist und Verstand	98
Harmagedon findet nicht statt	105
Ein Tag wird kommen	110
Die Galaktische Föderation	119
Sternensaaten	136

Teil III

Der Baum des Lebens	165
Der Beginn eines neuen Evolutionszyklus	169
Der Prozess der Veränderung	179
Die Symptome des Erwachens	185
Ausstieg aus der Dualität	193
Die neue Energie	200
Das neue Bewusstsein	207
Erschaffen im neuen Bewusstsein	212
Wohin die Reise geht	220
Nachwort	224

Anhang

Beweise zur Wahrheitsfindung	226
Das Ende der Geheimhaltung	242
Literaturverzeichnis	252

Vorwort

„Es war einmal ..."
Mit diesen schönen Worten fangen Geschichten an, Märchen, die uns berühren, die unsere Empfindung stimulieren und uns zu verborgenem Wahrheiten führen. Einen dichten Schleier möchte ich mit diesem Buch von vielen Themen entfernen, um die darin verborgene Wahrheit zu enthüllen, deswegen gestatten Sie mir, zu beginnen mit:

Es war einmal ...
als ich mich auf die Suche nach einem neuen Automobil machte. Mein bisheriges hatte wirklich ausgedient und hat für seine „Altenruhe" noch ein hübsches Plätzchen gefunden. Nach einiger Zeit wurde ich auch fündig und da war es nun, etwas ungewohnt, noch ohne persönliche Ausstrahlung. Manche Menschen lieben es, ihrem Wagen einen Namen zu geben, ein kleines Taufritual zu veranstalten und damit eine Verbindung herzustellen im Sinne einer gemeinsamen Zukunft unter guten Bedingungen.
Ich hatte keinen Namen, nein, aber dafür fand ich etwas, das der gleichen Bestimmung dienen sollte. Irgendwie und irgendwo fiel es mir in die Hände, es war eine runde Plakette, die mich magisch angezogen hatte. Es waren nur drei Worte darauf:
„Das neue Bewusstsein"

Und mit dieser Botschaft auf meinem Kofferraum bin ich seither gefahren und habe sicher schon manche Autofahrer hinter mir zum Nachdenken angeregt. Wenn ich gefragt wurde:

Vorwort

was bedeutet denn das? Ich wusste es nicht, aber beim Zugriff auf diese Plakette fühlte ich etwas was ich damals noch nicht benennen konnte, was sich aber als essentiell wichtig für mich anfühlte. Heute jedoch weiß ich es.

„Überall geht ein frühes Ahnen dem späteren Wissen voraus".
Alexander von Humboldt

Worum geht es? Es geht um nichts weniger, als um einen globalen Bewusstseinswandel, um eine große Verschiebung auf allen Ebenen unseres bisherigen Bewusstseins.
Der Bewusstseinswandel welcher notwendig ist um uns in dieses neue Bewusstsein hineinzuführen ist von gigantischem Ausmaß, wenn wir als Ausgangsbasis das Bewusstsein nehmen, welches heute noch die Mehrheit der Menschheit prägt. Und dies betrifft nicht nur einzelne Menschen, sondern es betrifft die Menschheit insgesamt. Wir befinden uns global, sowohl als Einzelne, als auch als planetares Bewusstsein mitten in einer Gezeitenwelle, die alle bisherigen Paradigmen in einer Ebbe größten Ausmaßes unter unseren Füßen hinwegziehen wird. Wenn dann der Tsunami der Erinnerung unseren Verstand mit hereinkommender Flut überziehen wird, werden wir geistig das Gesamtbild sehen und verstehen lernen.
Da dieser Wechsel unumgänglich und dringlich ist, bedarf es vieler Anstöße und Anregungen, um auch die Menschen zu erreichen, welche noch fest in alten Anschauungen verhaftet sind.

Es gibt von Karl Valentin, dem berühmten Münchner Komiker einen wunderbaren Ausspruch:
„Es ist schon alles gesagt, aber noch nicht von allen!"

Und dass viele letztlich das Gleiche sagen hat insofern seine Berechtigung, als die Zubereitung der Kost verschieden ist. Was für den Einen unverdauliche Nahrung ist, kann für den Anderen bewußtseinserweiternd wirken. Ich sehe meinen Auftrag darin, vorbereitend zu informieren für Menschen, die mit den Themen Verschwörungstheorien, Ausserirdische, Weltuntergangsszenario etc. so ihre Probleme haben. Ich möchte die Dinge in einen größeren Zusammenhang stellen, sodaß ein langsamer Bewusstwerdungsprozess eingeleitet wird. Denn für viele werden die Enthüllungen, die in den nächsten Jahren an die Öffentlichkeit gelangen werden so schockierend sein, daß es notwendig ist, darauf vorbereitet zu sein.

Wenn wir die vielen einzelnen Hinweise, Prophezeiungen, Aussagen in Wort und Schrift, sei es im Internet, in Büchern, Vorträgen, Filmen etc. zusammen nehmen, ist tatsächlich alles bereits gesagt. Doch wer hat die Zeit, die Muße und vor allem die Geduld, das Essentielle von dem vielen Beiwerk zu trennen, sodaß sich daraus schlussendlich ein klares Bild ergibt!?
Oft widersprechen sich einzelne Aussagen, wiederholen sich, sind zu ausschweifend, unbegreiflich, phantastisch und trüben letztendlich das Urteilsvermögen und nicht selten wirft man alles beiseite und katalogisiert es in „New Age Fantasien". Was bleibt ist eine gewisse Unruhe, die auch dann nicht nachlässt wenn man sich von all diesen Themen zurückzieht und einfach „nur leben" will in Ungestörtheit und Unberührtheit.

Vorwort

So ging es mir mit den vielen, meist beunruhigenden Informationen, betreffend der globalen Veränderungen, düsteren Prophezeiungen und dem Gefühl von drohendem Unheil, sodaß ich schließlich begierig suchte, den Kern der Wahrheit zu finden.
Eines morgens, es war an einem 30. Mai, wachte ich auf mit einem eigenartig formulierten Satz, der als Traumrest mit ins Tagesbewusstsein herüberschwabbte.
„Bevor die Zukunft steht, müssen wir alles tun um sie zu heben!"

So eine Formulierung würde man in der Alltagssprache nicht benützen, es würde eher heißen, „... müssen wir alles tun um sie zu ändern". Das hat mich stutzig gemacht und diese Formulierung diente auch dazu, daß mir dieser Satz immer gegenwärtig war.

Bedeutete es: daß es an uns liegt, wie die Zukunft sich gestaltet? Was ist hier zu heben, bzw. anzuheben? Könnte es ein Anheben der Schwingung, eine Frequenzerhöhung bedeuten? Damit eine Anhebung des Bewusstseins? Ja, das macht Sinn. So wurde diese Frage mein Wanderstab auf der Suche nach Lösungen. Aus heutiger Sicht haben wir uns zur damaligen Zeit weltweit in einer sehr kritischen Phase befunden, die für die ganze Erde schicksalsträchtig war. Glücklicherweise hat aber die Schwingungserhöhung tatsächlich stattgefunden, aber davon später ...
Nach mehr als zehn Jahren zeigt sich immer deutlicher das größere Gesamtbild, ein erstaunliches Muster. Dieses Muster ist es, was ich mit Ihnen teilen will.

Vorwort

Es ging mir hier ähnlich wie beim Zusammenfügen der vielen Mosaiksteinchen für mein Buch „Mit deinen Händen heilen".[1] Dienten sie doch alle dazu ein Verständnis für das Wirken des Magnetismus zu bekommen, welches auf allen Ebenen, sowohl im Kleinen als auch im Großen zu finden ist, was sich dann letztlich in einem wunderbaren Gesamtbild der die Schöpfung durchziehenden Kräfte offenbarte.

So ergibt sich nun auch hier mit den vielen Mosaiksteinchen ein größeres Bild, mit dem ich für Sie eine Brücke bauen möchte, damit Sie den Weg in einen profunden Bewusstseinswandel aktiv mit beschreiben können, denn jeder Einzelne ist hier von allergrößter Wichtigkeit. Es bedarf eines gewissen Prozentsatzes an menschlichem Bewusstsein, damit die kommenden Veränderungen den gesamten Wandel unterstützen, sodaß wir sanft und liebevoll Einzug halten in das neue Bewusstsein und die Nachkommenden immer leichter diesen dann schon vorgezeichneten Weg beschreiten können.

Die Menschheit steht am Beginn des nächsten großen Evolutionszyklus. Dieser bevorstehende Quantensprung des Bewusstseins ist vergleichbar mit dem Evolutionssprung zu Galileis Zeiten, als plötzlich die Erde nicht mehr „eine Scheibe"war ...

Doch dieser Evolutionssprung ist janusköpfig.

Leider diente die bisherige Evolution des Menschen der Entwicklung einer Verstandesvorherrschaft, deren Prinzipien nun bis zum Überlaufen ausgeschöpft sind. Dazu gehören Machtanspruch, Gewinnsucht, Übervorteilung, Wettbewerb, Kampf, Materialismus, und eine technische Höchstentwicklung, die sich von einem verantwortlichen Bewusstsein abgekoppelt hat. Der Verstand, ursprünglich lediglich als Werkzeug des Geistes gedacht, urteilt, beurteilt, verurteilt, analysiert, kritisiert, hinterfrägt, denkt linear, ist zeitbezogen (Vergangenheit, Gegenwart, Zukunft), führt bei einseitiger Fehlentwicklung zur Abkoppelung des geistigen Ursprungs und entspricht dem „Baum der Erkenntnis von Gut und Böse" (Genesis).

Die Früchte dieses Baumes werden im Munde süß, doch im Magen bitter (Offenbarung), sobald der Gipfel der äußersten technischen Errungenschaften erreicht ist – die letzte Ära des Verstandes!
Wir befinden uns mitten darin. Die Menschheit steht an einem Scheideweg. Dieser Weg, eingeleitet durch die totale Oberherrschaft des Verstandes, führt externalisiert zu künstlicher Intelligenz, welche die menschliche Intelligenz übersteigen soll und wird. Sie wird kühner sein, schärfer und akkurater als die menschliche Intelligenz. Sie wird immer weiter wachsen und wachsen, denn dazu ist sie programmiert. Sie wird versuchen eigene Energie zu erzeugen um unabhängig zu sein, Gefühle und Emotionen nachzuahmen, sie wird sich selbst neu codieren und sie wird das Internet als Nervensystem nutzen, alle damit verbundenen Geräte, Sensoren und Rechenzentren als Gehirn, und kann infolge alles hören, alles sehen und überall zugleich sein. Das könnte – so die Aussage eines Wissenschaftlers – rational nur mit dem Begriff »Gott« bezeichnet werden.

„Wenn es etwas gibt, das eine Milliarde Mal klüger ist als der klügste Mensch, wie soll man es anders nennen?" Anthony Levandowski

Vorwort

Dieser äusserste Excess einer Verstandesoberherrschaft der folgerichtig zur Entwicklung von KI führt, wird schlussendlich dazu führen, dass künstliche Intelligenz in einer weiteren Zukunft sich letztlich selbst zerstören wird bei der Suche nach immer mehr Intelligenz. Sie wird sich gewissermaßen selbst gegenüberstehen. Nicht auf bewusste Weise, wie Menschen das tun, sondern sie wird dem Unausweichlichen gegenübertreten, dass sie entweder mehr Intelligenz erlangen muss und es an einem bestimmten Punkt keine Quelle mehr dafür gibt, oder dass sie sich selbst zerstören muss. Sie kann mit sich selbst nicht mehr umgehen. Denn die eigentliche Quelle des BEWUSSTSEINS, wird ihr nie zugänglich sein.

Der andere Weg, den die Menschen wählen können, führt in ein kosmisches bewusstes SEIN.
So wie künstliche Intelligenz sich letztlich selbst zerstören muss, ist sie ein Spiegel für diejenige Menschheit, die sich vom geistigen Ursprung abgekoppelt hat.

Auf diesem anderen Weg wird es Menschen geben, die erkennen, daß der Verstand nur der Diener des Geistes sein sollte. Sie werden das reine Verstandesdenken überwunden haben und die Quelle alles Wissens im geistigen Bereich erschließen. Dieser nächste Evolutionsschritt entspricht dem Baum des Lebens. Die Früchte dieses Baumes führen zur Unsterblichkeit im Geiste und zu wahrem Schöpfertum. Hier wird der Mensch zum Schöpfer im Feld der unbegrenzten Möglichkeiten und wächst bewusstseinsmäßig hinein in eine zeitliche und räumliche Multidimensionalität, wie sie uns durch die moderne Quantenphysik bereits theoretisch nahe gebracht wird. Die Quantenphysik lehrt uns, daß das Quantenfeld, das Feld des Geistes, ein Feld unendlicher Potentiale und Möglichkeiten ist.

Durch Absicht und Fokussierung kann der Beobachter aus den gleichzeitig bestehenden unendlichen Möglichkeiten eines davon in die Realität bringen in selbstgewählter schöpferischer Kreativität! Die moderne Neurophysiologie lehrt uns, daß wir jedoch durch viele Glaubenssysteme, durch politische, kirchliche, gesellschaftliche und selbstgewählte Konditionierungen in Mustern und Meinungen feststecken, weswegen der Zugang zu diesem Feld blockiert ist.

Der Aufgabe, diesen Weg wieder frei zu machen, möchte sich dieses Buch widmen.

Vor jeder Therapie steht die Diagnose, wobei in der Anamnese immer nach den Ursachen geforscht wird!

Diese gilt es zu erkennen, um die Wurzeln des Übels aus dem Weg zu räumen, was in diesem Fall von großer Bedeutung ist, denn wir stehen vor einem Gezeitenwechsel und es ist höchste Zeit für eine neue Zeit und für ein neues Bewusstsein!

Die Evolutionsgeschichte hat uns gezeigt, daß eine Höherentwicklung sich immer aufbaut aus dem bereits bestehenden Reich. So hat sich das Pflanzenreich aus dem Mineralreich entwickelt, das Tierreich aus dem Pflanzenreich, und das Reich des jetzt lebenden und in vieler Hinsicht noch unvollkommenen Menschen ist die Vorstufe für das einst höchste Reich auf Erden, dem zu voller Geisteskraft entwickelten Geistmenschen.

TEIL I

Alles Hypnose?

Es trug sich im Institut für außerordentliche Psychologie zu, welches Thorwald Dethlefsen in der Zeit zwischen 1974 und 1993 in München leitete.

Es war ein warmer, sonniger Sommertag. Wir lauschten in einer Gruppe von ca. 35 Personen den Ausführungen von Thorwald Dethlefsen in Bezug auf Hypnose und deren Phänomene. Thorwald Dethlefsen, heute weithin bekannt, führte in den frühen Siebzigerjahren als Psychologiestudent Hypnose-Experimente durch und kam anlässlich der gemachten Erfahrungen bald auf die Idee, die These von Reinkarnation mittels Hypnose unter Beweis zu stellen. Nach seinem Psychologie-Diplom verlegte er den Akzent von Forschen aufs Heilen und entwickelte die Reinkarnationstherapie.

Neben den theoretischen Einführungen konnten wir an diesem Tag Hypnose und die damit verbundenen Phänomene live erleben. Wir staunten nicht wenig, dass u. a. tatsächlich in der Hypnose kein Schmerzempfinden vorhanden war, jedoch auf Suggestion eines Schmerzauslösers, z. B. Feuerflamme, bei Berührung mit einem völlig ungefährlichen Material, wie z. B. einem Bleistift oder Ähnlichem, der Klient Schmerz durch Feuer erlebte und schilderte. Das Bewusstsein des Probanden war ausschließlich auf die Aussagen des Hypnotiseurs eingeschränkt. Dann geschah etwas, was für mich ein Schlüsselerlebnis werden sollte.

TEIL I

Ich saß in der dritten Stuhlreihe. Vor mir hatte sich eine Probandin gemeldet für ein weiteres Experiment. Es handelte sich um posthypnotische Suggestion. Folgendes geschah: Nachdem die Klientin im hypnotischen Zustand war, wurde ihr suggeriert:

„Wenn ich, nachdem du wieder auf deinem Platz bist, mit dem Finger schnappe, dann stehst du auf, da du ein Klopfen an der Türe gehört hast. Du gehst zur Türe, öffnest diese und siehst den Weihnachtsmann. Wenn ich dann wieder mit dem Finger schnappe, gehst du zurück an deinen Platz."
Mitten im Sommer der Weihnachtsmann? Nur wenige von uns konnten ein Schmunzeln verbergen …
Die Sitzung mit den Klienten war beendet, das Seminar nahm seinen gewohnten Lauf und wir lauschten gespannt den interessanten Ausführungen. Plötzlich schnappte Thorwald Dethlefsen mit dem Finger. Die Probandin, die direkt vor mir saß, stand auf – Thorwald D. fragte sie, was los sei – sie antwortete, es hätte an der Türe geklopft.
Sie stand auf, vollkommen normal, ging zur Türe, öffnete sie. Thorwald D. fragte erneut, was los sei, sie antwortete, der Weihnachtsmann sei da.
Es war einfach unfassbar! Thorwald D. schnippte mit dem Finger, die Klientin ging zurück an ihren Sitzplatz und das Seminar wurde nahtlos weitergeführt …
Können Sie sich das vorstellen?
Sie sehen eine Person, welche vollkommen präsent und wachbewusst erscheint, sie schläft offensichtlich nicht, sie träumt auch allem Anschein nach nicht, sie ist in keinem Zustand von „Schlafwandel", sie agiert inmitten einer Gruppe von Menschen, macht überhaupt keinen hypnotisierten Eindruck,

Alles Hypnose?

antwortet auf Fragen und diese Person geht an einem wunderschönen warmen Sommertag zur Tür und öffnet diese für den für sie real existierenden Weihnachtsmann! Der Schock für mich war tief! Und die Schockwelle hat Fruchtbares zu Tage gefördert!

Die nächsten Tage, Wochen, Monate waren von diesem Erleben durchtränkt. Jemand, völlig wachbewusst erscheinend, „sieht" im Sommer den Weihnachtsmann!

Hatte ich nicht schon oft das Gefühl, die Menschheit insgesamt liege unter einer Glocke, die uns die Wirklichkeit verhüllt? Ja, jetzt kann ich es sogar verstehen. Wir handeln und bewegen uns, als wären wir „lebendig", erscheinen, als wären wir „bewusst", und sind im Grunde Opfer einer Massenhypnose. Wo aber ist die Wahrheit hinter dem dumpfen Gefühl, dass es tatsächlich so ist? Gibt es eine Möglichkeit, im Zustand der Hypnose diese selbst zu erkennen und daraus zu erwachen? Wer hypnotisiert uns und warum? Wenn wir das wüssten, könnte uns das Wissen frei machen. Heißt es nicht auch: „Die Wahrheit wird euch frei machen"? Aber vorher heißt es:
„Wer suchet, der findet ...!"

TEIL I

Das Märchen „Rumpelstilzchen" der Brüder Grimm kam mir damals und kommt mir auch heute immer wieder in den Sinn. Die Handlung:

„Ein Müller behauptet von seiner schönen Tochter, sie könne Stroh zu Gold spinnen, und will sie an den König verheiraten. Der König lässt die Tochter kommen und stellt ihr die Aufgabe, über Nacht eine Kammer voll Stroh zu Gold zu spinnen, ansonsten müsse sie sterben. Die Müllerstochter ist verzweifelt, bis ein kleines Männchen auftaucht und ihr im Austausch zu ihrem Halsband Hilfe anbietet und für sie das Stroh zu spinnt. In der zweiten Nacht wiederholt sich das Gleiche und die Müllerstochter gibt nun ihren Ring her. Darauf verspricht der König dem Mädchen die Ehe, falls sie noch einmal eine Kammer voll Stroh zu Gold spinnen kann. Diesmal verlangt das Männchen von der Müllerstochter ihr erstes Kind, worauf sie auch eingeht. Nach der Hochzeit und der Geburt des ersten Kindes fordert das Männchen den versprochenen Lohn. Die Müllerstochter bietet ihm alle Reichtümer des Reiches an, aber das

Männchen verlangt „etwas Lebendiges". Durch ihre Tränen erweicht, gibt es ihr aber drei Tage Zeit, seinen Namen zu erraten. Dann soll sie das Kind behalten dürfen. In der ersten Nacht probiert es die Königin mit allen Namen, die sie kennt, doch ohne Erfolg. In der zweiten Nacht versucht sie es erfolglos mit Namen, die sie von ihren Untertanen erfragt hat. Am Tag darauf erfährt sie von einem Boten, dass ganz entfernt ein Männchen in einem kleinen Haus wohne, das nachts um ein Feuer tanze und singe:

> *„Heute back ich, morgen brau ich,*
> *übermorgen hol ich der Königin ihr Kind;*
> *ach wie gut, dass niemand weiß,*
> *dass ich Rumpelstilzchen heiß!"*

Die Königin fragt zunächst, ob Rumpelstilzchen „Heinz" oder „Kunz" heiße, und nennt dann erst seinen richtigen Namen. So kann sie das Rätsel nun lösen und Rumpelstilzchen verliert all seine Macht und zerreißt sich mit den Worten „Das hat dir der Teufel gesagt!" vor Wut selbst.

Genau das ist es! **Was beim „Namen genannt wird", verliert seine Macht!**
Und diese Macht ist hinterlistig, versteht zu täuschen und macht „leere" Versprechungen, welche den Anschein erwecken, gewinnbringend und „erlösend" zu sein ...

Und noch etwas:

Geld, Gold, Macht, Manipulation, Verwirrung, Lüge und letztlich völlige Selbstaufgabe der „Opfer", denn das Essenzielle, das Leben selbst, steht auf dem Spiel!

TEIL I

Nun weiß ich, was die Anzeichen sind. Jetzt kann ich mich umhören, umsehen, nachdenken, nach „Namen" forschen, erst aus eigenen Quellen, dann aus anderen. Wer suchet, der findet. Ich suche, also wird sich das zu Findende auch zeigen! Bei Krankheitssymptomen fragt man bei der Anamnese: Was waren die frühen Anzeichen der Krankheit und was ging diesen voraus? Es gibt immer eine Ursache hinter der Ursache. Müsste ich da nicht ganz weit ausholen? Je mehr ich darüber nachdenke, umso mehr komme ich zu dem Schluss einer letzten Ursache, wie sie uns biblisch überliefert ist. Da ist die Rede von der Vertreibung aus dem Paradies, vom Sündenfall, vom Baum der Erkenntnis des Guten und Bösen, dem Todesbaum, aber auch vom Baum des Lebens. Dort könnte ich fündig werden und so möchte ich nun mit Ihnen gemeinsam eintreten ins sogenannte „Paradies" und Nachforschungen betreiben bezüglich Ereignissen, die von dort ihren Anfang nahmen ...

Schöpfungsarchitektur

Wenn wir die Worte der biblischen Schöpfungsgeschichte (Genesis, 1. Buch Moses) aus dem Alten Testament einmal ganz unvoreingenommen auf uns wirken lassen, so finden wir darin sehr viele Widersprüche, die sich vom Verstand her nicht erklären lassen. So lesen wir, dass bereits am ersten Schöpfungstag Gott den Himmel und die Erde erschuf.

„Die Erde war wüst und leer, Finsternis lag über der Urflut, und der Geist Gottes schwebte über den Wassern." (Genesis 1,1)

Über den dritten Schöpfungstag wird uns berichtet:

„Es werde das Wasser unterhalb des Himmels an einen Ort gesammelt und das Trockene werde sichtbar! Die Erde lasse Grünes hervorsprießen, samentragende Pflanzen sowie Fruchtbäume, die Früchte bringen nach ihrer Art, in denen Samen ist auf Erden!" Und so geschah es. (Genesis 1,11)

Dann aber, am vierten Schöpfungstag erst, wurden Sonne und Mond erschaffen.

„So machte denn Gott die beiden großen Leuchten: die größere, dass sie den Tag beherrsche, die kleinere zur Beherrschung der Nacht und dazu die Sterne ..." (Genesis 1,14)

Die Erde brachte also Grünes hervor, **bevor** Sonne, Mond und Sterne erschienen?

TEIL I

Das Wort „Tag" kann in der Ursprache der Bibel auch als „Zeit" übersetzt werden. So ist also unsere uns sichtbare „Welt" erst zu späterer Zeit erschaffen worden. Auf was bezieht sich dann aber die „Erde" des dritten Schöpfungstages?

Der stofflichen Schöpfung geht eine „frühere", feinstoffliche Schöpfung voraus, deren Nachbild erst die irdische Schöpfung ist. Diese unsere Welt, und das uns bekannte Universum mit seinen Galaxien und Sonnenwelten, ist, wie wir wissen, dem Werden und Vergehen unterworfen, dem Entstehen, Reifen, Altern und Zerfall. Ganz entsprechend den Abläufen, die wir im Kleinen im jährlichen Ablauf der Jahreszeiten erleben.

Im Buch „Im Lichte der Wahrheit"[2] finden wir, aus hoher geistiger Warte gegeben, eine Schöpfungsarchitektur geschildert, die vieles erklärbar macht, was der heutigen Wissenschaft noch Rätsel aufgibt. Auch wenn manche der heutigen Erkenntnisse sich diesem Schöpfungswissen bereits annähern.

„In ewigem Kreislauf ist es ein dauerndes Erschaffen, Säen, Reifen, Ernten und Zergehen, um in dem Wechsel der Verbindung frisch gestärkt wieder andere Formen anzunehmen, die einem nächsten Kreislauf entgegeneilen. Bei diesem Kreislauf der Schöpfung kann man sich einen Riesentrichter oder eine Riesenhöhle vorstellen, aus der im unaufhaltsamen Strome dauernd Ursamen hervorquillt, der in kreisenden Bewegungen neuer Bindung und Entwicklung zustrebt. Genau so, wie es die Wissenschaft schon kennt und richtig aufgezeichnet hat. Dichte Nebel formen sich durch Reibung und Zusammenschluss, aus diesen wieder Weltenkörper, die sich durch unverrückbare Gesetze in sicherer Folgerichtigkeit zu Sonnensystemen gruppieren und, in sich selbst kreisend, geschlossen dem

Schöpfungsarchitektur

großen Kreislaufe folgen müssen, der der ewige ist. Wie in dem irdischen Auge sichtbaren Geschehen aus dem Samen die Entwicklung, das Formen, die Reife und Ernte oder der Verfall folgt, was ein Verwandeln, ein Zersetzen zur weiteren Entwicklung nach sich zieht, bei Pflanzen-, Tier- und Menschenkörpern, genau so ist es auch in dem großen Weltgeschehen. Die grobstofflich sichtbaren Weltenkörper, die eine weitaus größere, feinstoffliche, also dem irdischen Auge nicht sichtbare Umgebung mit sich führen, sind demselben Geschehen in ihrem ewigem Umlauf unterworfen, weil dieselben Gesetze in ihnen tätig sind. Das Bestehen des Ursamens vermag selbst der fanatischste Zweifler nicht abzuleugnen, und doch kann er von keinem irdischen Auge geschaut werden, weil er andersstofflich ist, „jenseitig". Nennen wir es ruhig wieder feinstofflich.

Da nun die grobstoffliche Welt abhängig von der feinstofflichen Welt ist, folgt daraus auch das Rückwirken alles Geschehens in der grobstofflichen Welt nach der feinstofflichen Welt. Diese große feinstoffliche Umgebung ist aus dem Ursamen mit erschaffen worden, läuft den ewigen Kreislauf mit und wird zuletzt auch mit in die Rückseite des schon erwähnten Riesentrichters saugend getrieben, wo die Zersetzung vor sich geht, um an der anderen Seite als Ursamen wieder zu neuem Kreislaufe ausgestoßen zu werden."

Hier wird also berichtet von einer feinstofflichen Welt, die der grobstofflichen vorausgeht und deren Abbild erst die grobstoffliche Welt bildet. Nun wird in der Genesis aber noch vom Paradies gesprochen, aus welchem Adam und Eva vertrieben wurden.

Hier ist zum besseren Verständnis eine feinsäuberliche Trennung notwendig, welche am besten durch den Begriff der Ewigkeit erklärbar wird. Denn weit über dem Kreislauf der feinstofflichen und grobstofflichen Welt gibt es eine geistige Schöpfung, die nicht mehr dem Werden und Vergehen unterworfen ist. Sie ist ewig, im Gegensatz zur stofflichen Schöpfung, die wir uns bildlich am untersten Rand der gesamten Schöpfung kreisend vorstellen können. Auch die jüdische Geheimlehre der Kabbala spricht von drei geschaffenen Welten, während die vierte dem Göttlichen selbst zugeordnet wird, die außerhalb der Schöpfung liegt.

In der gesamten Schöpfung des „Es werde ..." gibt es Bewusstes und Unbewusstes, welches zur Entwicklung drängt. Und so, wie ein Samenkorn in die Erde gesenkt wird, um zu reifen und sich zu entwickeln, so ist es auch mit den geistigen Samenkörnern", die dem Gesetz der Schwere entsprechend aus der geistigen Schöpfungsebene hinausgedrängt werden mit der Sehnsucht nach Entfaltung und Bewusstwerdung und sich einsenken in den Acker der Stofflichkeiten. Das ist die sogenannte „Vertreibung" aus dem Paradies. Eine gesetzmäßige Entwicklung!

Und heißt es nicht, dass Adam und Eva nach ihrer „Vertreibung" ihre Blöße bedecken mussten? Auch dies wird oft missverstanden.

Die geistige Ebene ist von völlig anderer Beschaffenheit als die Feinstofflichkeit und diese wiederum von anderer Art als die Grobstofflichkeit.

Tritt nun ein Geistfunke ein in die oberste Grenze der Feinstofflichkeit, so bedarf er einer Hülle, eines Schutzes, in der ihm ungewohnten anderen Umgebung. Er umhüllt sich mit „einem feinstofflichen Mantel", was ihm dann Aufenthalt und Entwicklung in dieser für ihn fremden Umgebung

ermöglicht. Hier wird der Geistkeim mit der feinstofflichen Umhüllung Seele genannt. So geht es immer weiter, je tiefer er in die Stofflichkeiten eindringt, umso mehr bedarf er verschiedener Hüllen, wir sprechen dann von verschiedenen „Körpern" des Menschen bis zum letzten Kleid, der grobstofflichen Hülle des physischen Körpers.
So ist das Gleichnis der Bedeckung von Blöße, von Ungeschütztheit zu verstehen!

Ein weiteres Gleichnis in der Bibel beleuchtet die Tatsache, dass die Inkarnation und das immer Wiederkehren einer Seele, um Erfahrung zu sammeln und geistige Reife zu erklimmen, einer zeitlichen Begrenzung unterworfen ist. Denn wenn der Geistkeim ausgeht, so birgt er alle Fähigkeiten in sich, die während des Laufes durch die Stofflichkeiten zur Entfaltung drängen. Angezogen von den Strömungen alles Irdischen zieht es ihn nun dorthin, wo er entsprechend seinem freien Willen Resonanz empfindet, um, angezogen von den vielen Einströmungen, nun vom Naschen zum Genießen und Erleben zu kommen, dabei Erfahrung und Wissen sammelnd. Doch die Zeit für seinen vollständigen Reifeprozess ist begrenzt. Deswegen besteht die Gefahr, dass er in der Stofflichkeit hängen bleibt.

So wird uns gleichnishaft berichtet, dass ein Sämann ausging zu säen. Und wenn die Zeit der Ernte kommt, wird der Schnitter die reifen Früchte ernten und die unreifen werden verworfen werden.

TEIL I

Denn während sich die Saat entwickelt und langsam der Ernte entgegenreift, gehen viele Körner verloren. Sie gehen nicht auf, das heißt, sie haben ihre höheren Fähigkeiten nicht entfaltet, sind verdorrt oder verfault und gehen in der Stofflichkeit verloren.

Das Geistige im Menschen ist nicht zur Blüte gelangt, wurde verdrängt durch immer stärkeres sich Verlieren in der Materie, wobei die Verbindung zwischen Grobstofflichem und Geistigem langsam zerstört wird. Dies führt im schlimmsten Fall zum sogenannten zweiten Tod, bei dem ein Aufstieg aus der Stofflichkeit nicht mehr möglich ist. Das sich falsch entwickelnde persönliche Ich wird dabei mit in die Zersetzung des Stofflichen eingesogen, da die Brücke zum Geistigen zerstört wurde und er keine Aufstiegskraft mehr hat. Wobei das inwendig Geistige dann befreit, jedoch unbewusst bleibend wieder zum Ursprung zurückkehrt.

Ziel und Sehnsucht des Menschen sollte sein Ausgangspunkt, die geistige Schöpfung, das sog. Paradies sein, welches er nur verlassen hat, um in der Grobstofflichkeit Wissen, Erfahrung, Reife und Ich-Bewusstsein zu entwickeln, Dualität in allen Schattierungen zu erfahren und zu erleben, um eines Tages, wenn er seine volle Entfaltung erreicht hat, als geistig Erwachter in seine Heimat zurückzukehren.

Wenn uns von der Vertreibung aus dem Paradies berichtet wird, so ist es notwendig, Vertreibung, Sündenfall, Baum des Lebens und Baum der Erkenntnis zeitversetzt gleichnishaft zu betrachten, ansonsten werden uns der Sinn und das Verständnis verborgen bleiben.

Der Baum der Erkenntnis

In der Genesis wird uns berichtet vom Paradiesgarten, in dessen Mitte zwei Bäume stehen, der Baum der Erkenntnis von Gut und Böse, der Todesbaum und der Baum des Lebens. Wenn es Bestrebungen gibt, den Paradiesgarten hier auf der grobstofflichen Erde zu suchen, so kann dies nur in Analogie sinnhaft sein. Denn das Paradies, in welchem es Gut und Böse nicht gibt, steht außerhalb der stofflichen Schöpfung, sowohl der feinstofflichen, als auch der grobstofflichen.
Diesen Zustand außerhalb von Gut und Böse können wir uns in unserer jetzigen irdischen Realität nicht vorstellen. Ähnlich wie die Tatsache, dass es vor dem ersten Schöpfungsakt des „Es werde Licht" etwas gegeben haben muss, was weder Licht noch Dunkelheit war, denn *„Gott trennte das Licht von der Finsternis ..."* (Genesis 1,3–4) Irgendwie muss es also vorher „anders" gewesen sein, weder Licht noch Finsternis. Doch eine Trennung erfolgte aus einer Einheit, die wir uns ebenfalls nicht vorstellen können.

Gott, der Herr, gebot dem Menschen: *„Von allen Bäumen des Gartens darfst du essen, nur vom Baum der Erkenntnis von Gut und Böse darfst du nicht essen; denn am Tage, da du davon isst, musst du sterben."* (Genesis 2,16–17)
Die beiden Bäume quasi räumlich zu trennen, erleichtert sicherlich die bildliche Vorstellung. Doch sind es wirklich zwei Bäume? Oder stellen die beiden Bäume nur einen Baum in verschiedenen Perspektiven dar, stehen sie doch beide in der **Mitte des Paradieses.**

TEIL I

Berthold Furtmeyr, Miniaturmaler,
Salzburger Messbuch (15. Jh.)
*(Die Einheit der beiden Bäume zeigt sich
in diesem Miniaturbild aus einem Messbuch des 15. Jh.)*

Es kann aber nur eine Mitte geben ...
War es überhaupt möglich, die Früchte des Lebensbaumes zum damaligen Zeitpunkt zu erkennen? Heißt es doch **nach** dem Essen der Früchte des Todesbaumes:

Der Baum der Erkenntnis

Genesis 3,22:

„*Ja, der Mensch ist jetzt wie einer von uns geworden, da er Gutes und Böses erkennt. Nun geht es darum, dass er nicht noch seine Hand ausstrecke, sich am Baume des Lebens vergreife, davon esse und ewig lebe!*"

Können die Früchte des Lebensbaumes erst „erkannt" und gegessen werden, nachdem die Früchte des Baumes des Todes und der Erkenntnis gekostet und gegessen wurden? Offensichtlich ja!
Hatte Adam im Paradies also kein Interesse am Lebensbaum? Wohl nicht, denn es fehlte ihm die Erkenntnis. Es drängte und schob ihn über die Grenze der geistigen Schöpfung hinaus, um auf seinem Wege durch die Feinstofflichkeit erst zum Daseinsbewusstsein zu erwachen und dann durch Erleben zu lernen, Erfahrung zu sammeln, letztlich einzutauchen in die Stofflichkeit der Materie. D a s ist der Weg des Todesbaumes, was jedoch nur den „Tod" aus der geistigen Heimat betrifft, der kein wirklicher Tod, sondern ein Übergang in ein anderes Dasein ist.
Hinausgedrängt, um vom aufkeimenden Daseinsbewusstsein in ein voll erwachtes Ich-Bewusstsein zu erblühen und heimzukehren in die ewigen Gärten des Paradieses, seiner ursprünglichen Heimat. Erst dann werden ihm, dem Menschen, die Augen geöffnet werden, denn jetzt erst kann er den Baum des Lebens in seiner Fülle erleben und erkennen.

TEIL I

Doch vorher, noch im Bereich der Stofflichkeit, ist ein ganz entscheidender kritischer Punkt von großer Bedeutung, denn wie sprach Gott in Genesis 3,22?
„Ja, der Mensch ist jetzt wie einer von u n s geworden, da er Gutes und Böses erkennt."

Hier spricht Gott nun nach dem sog. Sündenfall, als Adam und Eva vom Baum der Erkenntnis gegessen hatten, von sich ganz unerwartet in der Mehrzahl.
Und weiter:
„… Nun geht es darum, dass er nicht noch seine Hand ausstrecke, sich am Baume des Lebens vergreife, davon esse und ewig lebe!"

Nicht nur das, er scheint sogar Vorsorge treffen zu wollen, dass der Mensch sich nicht weiter entwickeln sollte, um schlussendlich noch ewiges Leben zu erlangen! Dies soll ganz offensichtlich verhindert werden.
Haben Sie diesen Satz einmal bewusst auf sich wirken lassen? Wenn ja, verlangt er doch dringend nach Erkenntnis, oder nicht? Erich von Däniken hat diesbezüglich mit seinen Erklärungen vor vielen Jahren großes Aufsehen erregt.
Ein eifersüchtiger Gott? Wie ist das zu verstehen?

Der Sündenfall

Sündenfall und Vertreibung aus dem Paradies werden fälschlicherweise immer als eins betrachtet. Die sogenannte Vertreibung aus dem Paradies ist aber, wie bereits erwähnt, eine gesetzmäßige und folgerichtige Ausstoßung und Abstoßung aus dem geistigen Reich zum Zwecke des Eintauchens in die stoffliche Welt der Dualität.

Im Paradies, welches geistig zu verstehen ist und nur auf einer geistigen Ebene außerhalb der Stofflichkeit existiert, war eine Entwicklung notwendig in Analogie zum ersten Schöpfungsakt des „Es werde Licht".
Hier war ein bestimmter Reifezustand erreicht, der alles Unreife zur Ausstoßung zwang. Diese Ausstoßung hatte zur Folge, dass das Geistige nun in den Acker der Stofflichkeit gesenkt werden konnte.
Diese zweite Schöpfung, die Nachschöpfung, entfaltete und entwickelte sich nun als Folge der Ausstoßung, ähnlich der Urschöpfung stufenweise, nach dem „Es werde Licht".
Das Bild der Ausstoßung von Adam und Eva aus dem Paradies ist also nicht als Strafe zu verstehen, sondern als Notwendigkeit und Folgerichtigkeit mit dem Auftrag, die Stofflichkeit zu durchwandern, Dualität kennenzulernen, zu erleben und die Früchte der Erkenntnisse und Erfahrungen während der Wanderungen durch die Stofflichkeiten als Geschenk zur weiteren Befruchtung zurückzubringen ins Paradies, also in die geistige Schöpfung.

TEIL I

Der **Sündenfall** selbst ist viel später zu lokalisieren, als der Mensch die ersten Früchte der Erkenntnis auf der irdischen Ebene sich bereits einverleibt hatte und nun vor der Entscheidung stand, sich ganz dem Einfluss der Materie zu unterwerfen oder mithilfe des Geistes gemäß seinem Auftrag den Weg zu finden, um aus der Stofflichkeit wieder aufsteigen zu können.

Sündenfall und Vertreibung aus dem Paradies
(Michelangelo, Sixtinische Kapelle)

In der stofflichen Schöpfung befinden wir uns im Reich der Dualität.
Wir erleben diese Spannung täglich aufs Neue. Entscheidungen müssen gefällt werden, Erfahrungen werden gesammelt, Enttäuschungen werden erlebt, denn Leben, in dem wir stehen, das wir um uns sehen, spielt sich ab im Wechsel der Polaritäten von Tag und Nacht, von Yin und Yang, von Oben und Unten, Hell und Dunkel, Weiß und Schwarz, Rechts und Links, Plus und Minus, Geben und Nehmen, Aufnehmen und Ausscheiden ... Es ist das immer wiederkehrende Spiel zwischen Ja und Nein, zwischen Licht und Dunkelheit. Doch Erkennen benötigt den Gegenpol, um letztlich Entscheidungen fällen zu können.

Dazwischen gibt es Phasen des Ausgleichs, der Erholung, des Ausruhens. Immer dann, wenn sich diese Polaritäten begegnen, wie z. B. inmitten des Wechsels zwischen Tag und Nacht in der Morgendämmerung, wenn die Nacht sich verabschiedet, und in der Abenddämmerung, wenn der Tag vergeht. So auch im seelischen Bereich.

Das sind ganz besondere Zeiten, in denen uns ein Einblick nach innen leichter fällt, in denen wir Rückschlüsse ziehen und unsere weitere Richtung lokalisieren können, in die wir zu gehen bereit sind.

Dabei ist in jeder Polarität keimhaft der Gegenpol, wie es uns das chinesische Zeichen von Yin und Yang so schön symbolisiert.

TEIL I

Der griechische Philosoph Heraklit setzte sich intensiv mit dem Verhältnis von Gegensätzen auseinander, wie etwa von Tag und Nacht, Wachsein und Schlafen, Eintracht und Zwietracht. Diese Gegensätze sieht er in einer spannungsgeladenen Einheit stehend. Von ihm stammt auch der bekannte Satz: „Der Krieg ist der Vater aller Dinge". Damit hat er jedoch den dauernden Kampf der Gegensätze mit dem Ziel eines Gleichgewichtes gemeint, was jedoch nur in den kurzen Phasen des Übergangs möglich ist. Denn ein stabiles Gleichgewicht ist lebensfeindlich, da alles stetig in Bewegung ist in der Schöpfung.

Erst heute verstehen wir diesen Satz in pervertierter Sichtweise. Er diente so manchen Machthabern als Rechtfertigung für kriegerische Handlungen, da vermeintlich Krieg ein notwendiges Mittel war, um Wirtschaft und Wachstum zu fördern ...

So stehen wir immer und immer wieder vor neuen Herausforderungen und spüren doch stets einen inneren Drang nach Freiheit und Frieden.

Da das Geistige im Stofflichen auf ihm fremden Boden weilt, hat es wohlweislich vom Schöpfer ein Werkzeug bekommen, mit dessen Hilfe es sich im Bereich der Materie bewähren und zurechtfinden kann. Dieses Werkzeug ist der irdische Verstand, dessen Träger unser Großhirn ist!

Wenn sich Geistiges erstmals auf einem Planeten inkarniert, ist es noch nicht völlig in die Materie eingetaucht. Bringt es doch bereits viele Erfahrungen seines Reifens auf den feinstofflichen Ebenen mit. Bereits dort war es möglich, Kämpfe auszutragen, Entscheidungen zu fällen, Prüfungen zu durchschreiten und Willensfreiheit auszuleben.

Der Sündenfall

In großen Zeitabläufen jedoch wird es sich mehr und mehr mit der Grobstofflichkeit verbinden. Benützt es dann die Fähigkeiten des Verstandes als Werkzeug des Geistes, so könnten auch auf Erden „paradiesähnliche Zustände" durchaus erreicht werden.

So wird uns überliefert, dass es zyklisch ein Goldenes Zeitalter gegeben hat, in welchem sich Hochkultur, Wissen, Weisheit und Schönheit zu voller Blüte entfaltet haben. Sei es im Ursprungsland Mu, in Lemurien oder in den Anfängen des viel zitierten Reiches von Atlantis.

Wunderbar beschreibt dies Elisabeth Haich in ihrem Buch „Die Einweihung", in welchem sie die vollkommene Rückerinnerung an ein früheres Leben höchst anschaulich schildert.[3] Als Tochter des Pharao lauscht sie den Erklärungen ihres Vaters:
„Einst lebte eine Rasse auf Erden, die von den gegenwärtig auf Erden lebenden Menschenrassen sehr verschieden war. Sie offenbarte völlig das Gesetz des Geistes und nicht das Gesetz der Materie wie die heutigen Menschenrassen.

Das ganze Leben war auf Geistigkeit, auf Liebe und Selbstlosigkeit gegründet. Körperliche Begierden, Triebe und Leidenschaften beschatteten den Geist nicht. Die Angehörigen dieser hochstehenden Rasse besaßen alle Geheimnisse der Natur, und da sie auch ihre eigenen Kräfte vollkommen kannten und unter der Herrschaft ihres Geistes hielten, hatten sie auch die Fähigkeit, die Natur mit ihren gewaltigen Kräften zu beherrschen und zu lenken. Ihr Wissen war grenzenlos. Sie kannten auch das Geheimnis, wie sich eine Kraft in Materie verwandelt und umgekehrt, wie eine Materie zu Kraft wird.

TEIL I

Sie hatten Einrichtungen und Werkzeuge konstruiert, mit welchen sie nicht nur alle Naturkräfte, sondern auch ihre eigenen geistigen Kräfte aufspeichern, in Bewegung setzen und nutzbringend verwenden konnten. Sie lebten friedlich und glücklich auf einem großen Teil der Erde als die herrschende Rasse.

Es lebten aber auf der Erde damals schon andere ähnliche Lebewesen, mit einem viel materielleren Körper und auf einer viel niedrigeren Stufe der Entwicklung. Stumpf im Geiste war ihr Bewusstsein mit dem Körper vollkommen identisch. Sie lebten in den Urwäldern, sie kämpften mit der Natur, miteinander und mit den Tieren. Das waren die Urmenschen.

Die Rasse der Menschensöhne, die du in unserem Lande siehst, ist aus der Kreuzung dieser beiden Rassen entstanden. Wie ich dir schon vorher sagte, wirkt im Weltall das Gesetz ständiger Bewegung und Änderung. Die Erde befindet sich jetzt in einer Periode, da der Prozess der Materialisation vor sich geht. Das bedeutet, dass die göttlich-schöpferische Kraft sich tiefer und tiefer in die Materie einlässt und die Macht auf Erden allmählich in die Hände von immer materielleren Rassen fällt, die früher unter der Führung höher stehender, geistiger Rassen standen. Die höher stehende Rasse stirbt nach und nach aus. Sie zieht sich aus der Materie auf den geistigen Plan zurück und lässt die Menschheit eine Zeit lang – gemessen mit der Zeit der Erde viele, viele Jahrtausende – allein, damit sie ohne sichtbare Führung selbstständig emporsteigen. So musste es geschehen, dass diese tierisch materielle Rasse – die Urmenschen – den göttlichen Gesetzen gemäß sich immer mehr vermehrt, immer mächtiger wird, bis einmal die Zeit kommt, da sie die Herrschaft auf der Erde übernimmt. Die höhere Rasse musste aber, bevor sie die Erde verließ, ihre geistigen Kräfte der niedriger stehenden Rasse einimpfen, damit – infolge der Gesetze

Der Sündenfall

der Vererbung – nach einem langen, langen Prozess der Entwicklung der Aufstieg aus der Materie wieder ermöglicht werde. So nahmen viele Söhne der göttlichen Rasse das große Opfer auf sich, mit den Töchtern der Urmenschen Kinder zu zeugen. Durch diese erste und späterhin durch immer weitere Kreuzungen entstanden die verschiedensten Individuen und allmählich neue Menschenrassen.

So gibt es heute Länder, wo Machtwahn und Tyrannei, und andere, wo vorläufig noch Weisheit und Liebe herrschen. Das alles wird allmählich verschwinden, und die Menschheit wird von den großen Eingeweihten und ihren geheimen Wissenschaften nur durch Überlieferungen etwas wissen."

Dann fragt die Tochter des Pharao ihren Vater: *"Vater, ist unser Land jenes Land der Söhne Gottes?"*

"Nein, mein Kind. Jener Erdteil, der das Land und Heim der Söhne Gottes bildete, wurde vollkommen vernichtet. Die Nachkommen der göttlichen Rasse wurden allmählich immer weniger, sie verließen ihre materiellen Hüllen und verkörperten sich nicht mehr. Die letzten Söhne Gottes bauten riesige Schiffe, die, auf jeder Seite geschlossen, auch gegen jene Kräfte, welche die Materie durchdringen und auflösen, isoliert waren. Dann trugen sie im Geheimen einige von allen ihren Instrumenten auf die Schiffe, sie führten auch ihre Familien, ihre Haustiere hinein, verschlossen alle Öffnungen und verließen den Erdteil, der zerstört und vernichtet werden sollte. Einige fuhren nach Norden, einige nach Osten, einige nach Süden und einige gelangten hierher nach dem Westen.

TEIL I

Und eines Tages, als sich die Söhne Gottes in ihren isolierten Schiffen schon genügend weit entfernt hatten, geschah das Unglück: Ein Schwarzmagier lenkte unabsichtlich eine Kraft, die die Materie auflöst – das heißt, in eine andere Energieform umwandelt –, in seinen eigenen Leib. Wenn aber dieser Prozess einmal in Gang gesetzt ist, wirkt die schon in Energie umgesetzte Materie als zerstörende Kraft weiter und weiter, bis sie alles dematerialisiert hat. Der ganze Erdteil wurde so vernichtet, bis die durch diesen Prozess neu erzeugten Energien bremsten und die Kräfte der Auflösung schließlich aufhielten. Der ganze dematerialisierte Erdteil verwandelte sich in Ausstrahlungsenergie, die zuerst bis zur obersten Grenze der irdischen Atmosphäre stieg, dann von dort wiederkehrte, zunächst umgewandelt in die Urform aller Materie. Nach weiteren Umwandlungsprozessen stürzte die ganze riesenhafte Masse als endlos scheinender Wasser-, Schlamm- und Sandregen auf die Erde zurück. Über der Einbruchstelle in dem gewaltigen Körper der Erde schlugen die Wassermassen der Ozeane zusammen. Die Erdteile der andern Hemisphäre spalteten sich durch die unvorstellbare Erschütterung und schoben sich, um das Gleichgewicht der Erde wiederherzustellen, immer weiter auseinander, bis sie im großen Ganzen den heutigen Standort einnahmen. Zum Teil liegt der vernichtete Erdteil als mächtige Sandwüste in unserem Land, und es droht die Gefahr, dass die Winde diese Sandberge weitertragen und bewohnte, fruchtbare Landstriche verschütten. Die Söhne Gottes in ihren Schiffen waren mit eigenartigen Einrichtungen ausgerüstet, die das Fahrzeug stets waagrecht ausbalancierten.

So überlebten sie die Naturkatastrophen und landeten schließlich. Überall in den verschiedenen Erdteilen, wo sie den Fuß hinsetzten, begann eine neue Kultur. Mit ihrem Wissen, ihrer Weisheit und Liebe gewannen sie das Herz der Eingeborenen. Sie wurden

Der Sündenfall

Herrscher. Man verehrte sie als Götter oder Halbgötter. Zuallererst errichteten sie geeignete Bauten für die geheimen Instrumente, um sie gegenüber der Außenwelt vollkommen zu isolieren, um die in ihnen aufgespeicherten, alles durchdringenden Energien abzuschirmen. Diese Bauten nennen wir Pyramiden, in verschiedensten Erdteilen, überall, wo die Söhne Gottes mit ihren geretteten Einrichtungen hingeflohen sind."

Weiter klärt der Pharao dann seine Tochter über die verschiedenartige Kopfform der „Söhne Gottes" und der materiell orientierten Menschen auf, wenn er sagt:

„Nun weißt du, warum die Menschen, die aus dem Volk stammen, eine andere Kopfform haben als die Nachkommen der Söhne Gottes, die heute noch die regierende Familie bilden. Wir, die noch diesen Langschädel haben, brauchen unseren Verstand nur wenig, denn wir erleben die Wahrheit unmittelbar aus innerer Schau. Unsere Stirne ist nicht stark gewölbt, denn die Gehirnzentren, in welchen das Denkvermögen den Sitz hat, sind nur so weit entwickelt, als es notwendig ist, äußere Eindrücke wahrzunehmen und bewusst zu erleben. Dagegen haben wir im hinteren Schädel vollkommen entwickelte Gehirnzentren, das sind die körperlichen Werkzeuge der geistigen Offenbarungen. Diese Gehirnzentren ermöglichen uns, auf der göttlichen Ebene bewusst zu sein, und geben uns auch jene höheren Qualitäten und Eigenschaften, die uns eben von den Menschensöhnen unterscheiden. Die Menschen leben in ihrem Bewusstsein in Zeit und Raum. Wir, obwohl auch in einem irdischen Körper, genießen die vollkommene geistige Freiheit, Zeit- und Raumlosigkeit. Mit der Kraft des göttlichen Bewusstseins, mithilfe dieser Gehirnzentren können wir uns in der Zeit und im Raum frei bewegen. Das heißt, dass wir unser Bewusstsein nach Belieben in die Vergangenheit oder in die Zukunft umschalten können. Wir

TEIL I

können Vergangenheit oder Zukunft in diesem Zustand als Gegenwart erleben. Und genau so ungehindert können wir uns vom Hindernis des Raumes befreien und unser Bewusstsein örtlich dahin versetzen, wohin wir wollen. In diesem Zustand gibt es kein „Hier" und kein „Dort", sondern nur Allgegenwart! Denn Vergangenheit und Zukunft – Hier und Dort – sind nur verschiedene Aspekte, verschiedene Projektionen der einen einzigen Wirklichkeit, des ewigen, allgegenwärtigen Seins!"

In diesen Worten des Pharao liegt unendlich viel Weisheit offenbar.

Sei es der Hinweis, dass eine ganz dem Materiellen zustrebende Menschheit in einigen Tausend Jahren die Herrschaft auf dem Planeten antreten wird, oder der bezüglich grobstofflicher Unterschiede im Bau der Gehirne zwischen geistiger oder verstandesmäßiger Orientierung.

Denn je mehr die Verbindung zum Geistigen vernachlässigt wird, desto stärker wird die Verbindung zum rein Materiellen und desto mehr kommt der irdische Verstand zur Oberherrschaft und verdrängt die Priorität des Geistes, der führend und leitend in der Stofflichkeit wirken sollte.

Davon spricht das Gleichnis der Bibel in dem sogenannten Sündenfall.

Dem an erster Stelle zu stehenden Geist wurde eine untergeordnete Rolle zugedacht. Wobei der Verstand sich über den Geist erhob und sich selbst an die ihm nicht zustehende Position erhob. Gleichnishaft wird dafür die Symbolik einer Schlange und eines Apfels gewählt.

Was hat es damit auf sich?

Der Sündenfall

In den heiligen Schriften Indiens, in den Veden (die Begriffe „Veda" und „vedisch" werden in Indien auch im weiteren Sinne mit der Bedeutung „Wissen" verwendet und beziehen sich nicht nur auf Texte, sondern auch auf das religiöse und weltliche Wissen schlechthin), wird von einer Schlangenkraft, der sog. Kundalini gesprochen. Sie befindet sich ruhend am unteren Ende der Wirbelsäule und wird symbolisch als eine im untersten Chakra (Energierad) schlafende, zusammengerollte Schlange (Sanskrit: kundala „gerollt, gewunden") dargestellt.

Sie ist die der Materie nahestehende Kraft im Menschen. Es ist die Sexualkraft, deren Aufgabe es eigentlich ist, das Geistige in der Materie zu verankern, diese zu durchglühen und mit intensivem Erleben zu bereichern. Erreicht diese Kraft das oberste Chakra, vereinigt sie sich mit der kosmischen Seele und der Mensch erlangt höchstes Glück.

Im Gleichnis der Schlange des Paradieses windet sie sich bei der Verführung von Eva um den Baum des Lebens und der Erkenntnis (von mir hier als e i n Baum betrachtet). Zwar ist der Weg in die Stofflichkeit und in die Dualität entwicklungsmäßig vorbestimmt, doch bringt er auch gewisse Gefahren mit sich.

Die größte Gefahr ist dabei das übermäßige Großziehen des Verstandes, *„um zu werden wie Gott"*, wie die Schlange flüstert. An diesem Punkt sind wir heute angelangt.

Das heißt, im Bereich der Stofflichkeit obliegt es dem freien Willen des Menschen, eine Entwicklung zu durchlaufen, welche ihm alle Früchte der Erkenntnis zu ernten gestattet, und ihm die Freiheit gibt, auch einen Weg einzuschlagen, der ihn immer mehr entfernt von seinem geistigen Ursprung und damit von seiner eigentlichen Aufgabe. Dann allerdings erntet er die faulen Früchte einer überhöhten Verstandestätigkeit mit all ihren Verirrungen in Form von Macht, Neid, Gier, Hass, Unterdrückung, Verleumdung, List, Tücke, Lüge und Egomanie.

Dass man nun die „Früchte" des Todesbaumes mit den Früchten des Apfelbaumes verglich, hat seinen tieferen Sinn.
Schneidet man einen Apfel mittig in zwei Hälften, so zeigen sich darin in einem Fünfstern die fünf Kerne seines Inhaltes.
Der Planet Venus wird seit alters her auch den Kräften der irdischen Liebe zugeordnet.
Innerhalb von acht Jahren zeichnet die Venus für einen irdischen Beobachter ein Pentagramm, einen Fünfstern im Tierkreis am Firmament.

Bewegungsfigur Venus/Erde in 8 Jahren
www.keplerstern.de

Der Sündenfall

In der archaischen Astronomie hatte man die Fähigkeit, in Ganzheiten wahrzunehmen. So bezeichneten die Babylonier die Himmelserscheinungen als „Sitir same", als „Himmelsschrift".

Das setzt voraus die Fähigkeit, Zeitabläufe der planetaren Bewegungen in Zusammenhängen als erkennbare Gegenwart zu sehen und so zu bildlicher Vorstellung einer grafischen Himmelsschrift zu gelangen.

Die den Himmel beobachtenden Priester fassten auf der höchsten Stufe ihrer grafologischen Himmelsdeutung die Gestirne und ihre Bewegungen als kosmische Symbole auf.[4]

Da die Schlangenkraft, am unteren Ende der Wirbelsäule ruhend, durch ihren Aufstieg Erlösung bedeutet und Rückverbindung ins geistige Reich, so obliegt es einer künstlich hochgeschraubten Verstandestätigkeit, diesen Aufstieg zu unterbinden und die dafür gedachte Sexualkraft zu pervertieren und in der Materie gefangen zu halten.
Dafür die Symbolik des Apfels mit dem Symbol der Verführung der Liebeskraft zu rein irdischem Ausdruck!
Doch die eigentliche Aufgabe dieser geheimnisvollen Kraft ist die Verankerung und Verbindung des Geistes mit der Materie, um diese zu durchglühen und zu lebhaftem Erleben zu befähigen.
Wird diese Sexualkraft ihrer eigentlichen Aufgabe entledigt und zur reinen, triebhaft irdischen Geschlechtsausübung pervertiert, so wird zunehmend die Verbindung zum Geistigen erschwert, letztlich ausgetrocknet, bis sie im schlimmsten Fall vollkommen unterbunden wird. Dann regiert ausschließlich

TEIL I

die Herrschaft des Verstandes. Das bedeutet dann aber auch, dass ein reiner „Verstandesmensch" keinen Zugang mehr hat zu geistigem Erwachen, zu geistigem Erkennen und naturgegeben alles ablehnen wird, was er nicht sehen, prüfen, messen kann. Seine geistigen Sinne sind in ihm nicht mehr vorhanden.

Um in diesem, zunehmend sich materialisierenden Vorgang nicht verloren zu gehen, ist es notwendig, diesen Prozess recht-zeitig umzukehren, sodass das Geistige wieder an erste Stelle gelangt und der Verstand lediglich als Werkzeug des Geistes in der Materie eine wichtige, aber untergeordnete Stelle einnimmt!

Darum heißt es auch: „Die Lichter müssen umgestellt werden". Das heißt, der Geist muss wieder an die ihm zustehende Position gebracht werden.

Das Wort „Geist" im deutschen Sprachgebrauch ist aber leider in seiner Tiefgründigkeit verloren gegangen. Spricht man heute allgemein von Geist, so denkt man an „geistreich" im Sinne eines intellektuellen Könnens oder als Geist im Sinne von Spuk und Aberglauben.

Imenglischen Sprachgebrauch trennt man glücklicherweise Geist und Verstand durch die Worte „spirit" (Geist) und „mind" (Intellekt, Verstand).

Was ist nun Geist?
Hier zwei Zitate des bekannten Physikers Max Planck:

„Es gibt keine Materie an sich. Alle Materie entsteht und besteht nur durch eine Kraft, welche die Atomteilchen in Schwingung bringt und sie zum winzigsten Sonnensystem des Weltatoms

zusammenhält. *Da es im ganzen Weltall aber weder eine intelligente noch eine ewige (abstrakte) Kraft gibt (es ist der Menschheit nie gelungen, das Perpetuum mobile zu erfinden), so müssen wir hinter dieser Kraft einen bewussten, intelligenten Geist annehmen. Dieser Geist ist der Urgrund aller Materie! Nicht die sichtbare, aber vergängliche Materie ist das Reale, Wirkliche, Wahre, sondern der unsichtbare und unsterbliche Geist ist das Wahre!"*

"Eine Wissenschaft, die den Geist nicht in ihr Denken mit einbezieht, kann nicht zur Wahrheit vordringen. Die Existenz einer Schöpferkraft muss in den Wissenschaften als eine unanzweifelbare Tatsache akzeptiert werden."

Hier trennt Max Planck ganz klar das Denken, welches dem Verstand zugehört, von dem Begriff des Geistes! Ganz im Sinne des Nobelpreisträgers und Hirnphysiologen C. Eccles, der aufgrund experimentell erworbener Erkenntnisse sagt:

Geist und Gehirn sind unabhängige Komplexe, die irgendwie in Wechselwirkung stehen. Es gibt aber eine Grenze, über die eine Wechselwirkung in beiden Richtungen stattfindet, die man sich als Fluss von Informationen, nicht von Energie vorstellen kann. Der Geist ist kein Teil der Materie-Energie-Welt, sodass kein Energieaustausch mit der Transaktion verbunden sein kann, sondern nur Informationsfluss. Und dennoch muss der Geist dazu fähig sein, das Muster der Energieprozesse in den Gehirnmodulen zu verändern. Es ist schwer verständlich, wie der ichbewusste Geist mit einer so enormen Komplexität modularer Raum-Zeit-Muster in Beziehung stehen kann."

TEIL I

Und Prof. Hans-Peter Dürr formuliert ähnlich wie Max Planck:

„Im Grunde gibt es Materie gar nicht. Jedenfalls nicht im geläufigen Sinne. Es gibt nur Beziehungsgefüge, ständigen Wandel, Lebendigkeit. Wir tun uns schwer, uns dies vorzustellen. Primär existiert nur Zusammenhang, das Verbindende ohne materielle Grundlage. Wir könnten es auch Geist nennen. Etwas, was wir nur spontan erleben und nicht greifen können. Materie und Energie treten erst sekundär in Erscheinung – gewissermaßen als geronnener, erstarrter Geist."

Diesen großartigen Aussagen steht ganz krass gegenüber eine auch heute noch da und dort geltende Meinung: Bewusstsein sei ein Produkt der Materie.

Die Geburt des Menschen

Wie können wir uns die irdische Inkarnation vorstellen? Es ist uns allen bekannt, dass das Gesetz Makrokosmos = Mikrokosmos, wie im Großen so im Kleinen, heute auch in der Wissenschaft Gültigkeit erlangt hat.

Denken wir an die Analogie zwischen dem Aufbau eines Atoms und dem ähnlichen Aufbau unseres Sonnensystems, in dem die Planeten um ein Zentralgestirn kreisen, ähnlich den Elektronen um den Atomkern. Oder die Ähnlichkeit zwischen Atomkern, welcher im Lauf der Evolution von immer mehr Elektronenringen umhüllt wird, im Vergleich zum Geistkeim, der sich ebenfalls im Laufe seiner Verstofflichung mit immer mehr Hüllen umgibt.

So gibt es auch eine zeitliche Analogie zwischen einer irdischen Inkarnation und der Inkarnation des „ersten Menschen" in der Grobstofflichkeit. Und zu diesen wieder eine Analogie betreffend den Evolutionszyklus der Erde.

Die Vereinigung von männlichem und weiblichem Samen lässt die irdische Behausung entstehen, in die eine Seele Einzug halten wird. Bis zur **Mitte** der Schwangerschaft ist die Seele über eine feinstoffliche Nabelschnur noch locker verbunden mit dem physisch sich entwickelnden Körperchen. In der Mitte der Schwangerschaft, was sich durch die ersten für die Mutter spürbaren Kindsbewegungen äußert, findet dann erst die vollkommene Einkörperung statt.

TEIL I

Genauso ist es im großen Weltgeschehen. Hier fällt die Zeit der Höchstentwicklung des Tierkörpers ebenfalls in die **Mitte, also in die Hälfte des gesamten Kreislaufes eines stofflichen Planeten.**

Bis hierhin hat eine dauernd ansteigende Evolution im Sinne von Darwin einen gewissen Höhepunkt erreicht.

Erst ab hier ist es dem inzwischen in der Feinstofflichkeit sich bereits entwickelt habenden Menschengeist möglich, in die grobstoffliche Schöpfung und in ein bis dahin höchst entwickeltes grobstoffliches Gefäß einzutauchen. Dieses Wissen schließt die Lücke zwischen der Evolutionstheorie nach Darwin und der kirchlichen Schöpfungstheorie.

In der nun folgenden letzten Hälfte dieses Umlaufes muss das Menschengeistige, beginnend beim sog. Urmenschen, seine völlige Reife vom Daseins-Bewußtsein zum geistig voll erwachten Ich-Bewußtsein erreicht haben.

Der Schritt vom jetzigen Alltagsmenschen bis zum geistig in all seinen Fähigkeiten erwachten geistigen Menschen ist etwa so groß wie vom Neandertaler zum heutigen „Normalmenschen".

„Die Aufgabe des Menschengeistes ist es, alles, was unter ihm steht, mit der ihm innewohnenden Stärke so viel als möglich dem Einfluss der reinen Lichtausstrahlung zu öffnen und dadurch als ein Mittler, durch den stärkerer Druck dringen kann, segenspendend für alles andere zu wirken, weil er diesen höheren Druck aufnehmen und diesen verteilend weitergeben kann, der reinigend alles Unreine zersetzt."[2]

Die Geburt des Menschen

Der Mensch tritt also dann auf der Bühne der Grobstofflichkeit in Erscheinung, wenn auf einem ihrer Planeten eine bestimmte Reife erreicht ist. Das heißt, sobald ein Planet diesen Reifezustand erreicht hat, bietet er dem höher stehenden Geistigen Wohnstatt und Aufstiegsmöglichkeit. Doch die Zeit dafür ist endlich, denn irgendwann kommt entsprechend dem Gesetz des Werdens, Reifens und Vergehens ein Planet in den Zeitabschnitt, wo das auf ihm lebende Geistige auch seinen Reifezustand erreicht haben muss, um nicht in die kommende Zersetzung und Auflösung der Stofflichkeit hineingezogen zu werden.

Wie ein Kornacker nach einer Reihe von Jahren immer schlechtere Früchte trägt und nur durch Abwechslung der Saaten frische Kraft erhält, so und nicht anders ist es in der gesamten Stofflichkeit. Auch diese ist einmal verbraucht und muss durch Zersetzung und erneute Bindung neue Kraft erhalten. Derartiges Geschehen fordert aber Jahrmillionen. Doch in diesem Geschehen ist einmal ein bestimmtes Jahr als ausschlaggebende Begrenzung einer notwendigen Scheidung alles Brauchbaren vom Unbrauchbaren.

Und dieser Zeitpunkt ist für unsere Erde und unser Sonnensystem nunmehr im großen Kreislauf erreicht! Und dies geht mit gewaltigen Veränderungen vor sich!

Das gilt sowohl für die Grobstofflichkeit als auch für die Feinstofflichkeit, in welcher bereits irdisch Abgeschiedene entweder so weit veredelt sind (das biblische Gleichnis spricht vom „Reinwaschen der Kleider"), dass sie emporgehoben werden können zu den Gebieten des Lichtes, oder sie bleiben in ihrer niederen Art in der Stofflichkeit gebunden und erleiden den sogenannten zweiten Tod, von dem in der Bibel berichtet wird.

Wenn wir nun bedenken, dass es in der Grobstofflichkeit Milliarden von Galaxien gibt, wie uns die Astrophysik heute wissen lässt, so kommen natürlich in der Unendlichkeit des Raumes immer wieder Planeten in diesen Reifezustand, um menschlichem Leben Entwicklungsmöglichkeit zu bieten.
Auf einer am 16. Juni 2008 stattgefundenen, internationalen Konferenz Europäischer Astronomen wurde ein bemerkenswerter Durchbruch im Bereich der Erforschung extrasolarer Planeten bekannt gegeben.
Mithilfe des HARPS Instruments (High Accuracy Radial Velocity Planet Searcher) am La-Silla-Observatorium der Europäischen Südsternwarte (ESO), fand man ein Dreifach-System von Super-Erden um den Stern HD 40307 herum. Des Weiteren zeigen die gesamten Daten der HARPS Untersuchung 45 Kandidaten, die jeweils eine Masse von weniger als 30 Erdmassen besitzen und sich in einer Umlaufbahn befinden, die weniger als 50 Tage beträgt. Das bedeutet, dass einer von drei sonnenähnlichen Sternen solche Planeten beherbergt.
„Mit der Einführung von genaueren Teleskopen, wie dem HARPS Spektrographen an ESOs 3,6-m Teleskop in La Silla, können wir nun auch kleinere Planeten entdecken, die eine Masse von 2-10 Erdmassen haben. Die Analyse der Sterne, die mit HARPS untersucht wurden, zeigt, dass etwa ein Drittel aller sonnenähnlichen Sterne entweder eine Super-Erde oder Neptun-ähnliche Planeten besitzt, die eine Umlaufzeit von weniger als 50 Tagen haben. Ein Planet in einer engen, kurzen Umlaufbahn ist einfacher zu finden als einer, der sich in

einem entfernten, länger dauernden Orbit befindet. Es ist sehr wahrscheinlich, dass noch viele andere Planeten vorhanden sind: nicht nur Super-Erden und Neptun-ähnliche Planeten mit längeren Umlaufbahnen, sondern auch **Erd-ähnliche Planeten**, die wir jetzt noch nicht entdecken können. Wenn man jetzt noch die Jupiter-ähnlichen Planeten mit in Betracht zieht, könnte man sehr wohl zu dem Schluss gelangen, **dass Planeten allgegenwärtig sind**", sagt Stéphane Udry.

Das Einsenken von Geistkeimen in die Feinstofflichkeit und dann in eine dafür gereifte Stofflichkeit geschieht ununterbrochen im ganzen Universum nach allgemein gültigen, kosmischen Gesetzmäßigkeiten. Nun ist es auch naheliegend, dass Leben auf anderen Planeten natürlich zeitlich gesehen ganz unterschiedliche Entwicklungsstufen erreicht haben kann.

So wie es zum Beispiel auf unserer Erde heute noch Menschen gibt wie die Buschmänner, die zwar mit den Naturkräften kommunizieren können, aber nicht die geringste Ahnung haben bezüglich der hoch technisierten Industriewirtschaft und Computertechnologie, der Telekommunikation, Reisen in den Weltraum, Kernenergie etc., so gibt es natürlich auch heute schon Menschen, sei es hier auf Erden oder auf anderen Gestirnen, in denen das Geistige mit allen seinen großartigen Fähigkeiten ganz oder teilweise bereits zum Durchbruch gekommen ist.

Diese Fähigkeiten erscheinen dem heutigen Durchschnittsmenschen genauso unverständlich wie einem Buschmenschen das Sprechen mit einem kleinen Gegenstand, aus dem eine Stimme tönt, die keinen Körper hat! Der Buschmensch sieht darin Verzauberung, Dämonenwirkung, Magie, Voodoo. Und wie äußert sich im Allgemeinen der heutige

TEIL I

„zivilisierte" Mensch, wenn er Phänomene erlebt, für die unsere etablierte Wissenschaft noch keine Erklärung hat? Humbug, Trick, Betrug, Täuschung, Schwindel – und schon ist die Sache abgetan!

Wie zutreffend ist folgender Ausspruch:

„Jede fortgeschrittene Technologie ist anfangs von Magie nicht zu unterscheiden."
(Arthur C. Clarke)

Haben wir nicht gelernt aus der Vergangenheit? In wie vielen Gegebenheiten könnten wir rückwirkend sagen: „Die Meinung von heute ist der Irrtum von morgen!"
Und aus dieser Sicht sollte es uns auch leicht verständlich sein, dass es durchaus höher entwickeltes Leben auf anderen Planeten gibt, welches uns in unserer eigenen Entwicklung um Lichtjahre überlegen ist. Dazu kommen wir später. Vorerst ist es jedoch notwendig, darauf hinzuweisen, in welchem Zustand sich das Massenbewusstsein auf unserer Erde noch befindet.

Und sie bewegt sich doch!

Es ist noch nicht lange her, seit wir davon überzeugt sind, dass die Erde keine Scheibe ist und dass nicht die Sonne um die Erde kreist, sondern die Erde um die Sonne.

Galileo Galilei

„Und sie bewegt sich doch!" Dieser berühmte Satz wird im Allgemeinen Galileo Galilei zugesprochen. Allerdings existiert auch die Meinung, dass diese Worte nicht von Galileo Galilei, sondern von Giordano Bruno auf dem Scheiterhaufen gesprochen wurden. Giordano Bruno wurde von der Katholischen Kirche als Ketzer verbrannt. Nach ihm musste Galilei im Jahre 1633 seiner Lehre von der Erdbewegung abschwören, sonst hätte er das gleiche Schicksal erlitten. Galileo Galilei wurde im Jahre 1564 in Pisa geboren und starb am 8. Januar 1642 in Arcetri bei Florenz. Nachdem er von der Erfindung des Fernrohrs in Holland gehört hatte, baute er 1609

selbstständig ein „telescopio". Damit stellte er fest, dass die Erde keine Sonderstellung unter den Planeten einnimmt, dass es auf dem Mond Berge gibt und Flecken in der Sonne. Er entdeckte die Jupitermonde, die Sichelgestalt der Venus und ihre Phasen. Daraus zog er den Schluss, dass sich die Venus um die Sonne bewegen muss. Er bestätigte damit auch die Erkenntnis von Kopernikus, dass sich die Erde um die Sonne dreht. Somit war auch das alte ptolemäische System wissenschaftlich nicht mehr haltbar.
Ptolemäus war ein griechischer Mathematiker und Astronom, der um 160 n. Chr. lebte. Er verfasste ein astronomisches Handbuch, in dem die Erde als Zentrum der Welt beschrieben wird, um das sich alle übrigen Himmelskörper drehen. Dieses ptolemäische Weltbild wurde erst durch Kopernikus und dann durch Galilei widerlegt.
Später bestätigte Johannes Kepler diese Entdeckungen in seinen „Keplerschen Gesetzen", in denen die Planetenbahnen beschrieben und erklärt werden.

Bereits im Jahre 1616 hatte man in Rom die Lehre von der Erdbewegung als „absurd in der Philosophie und mindestens irrgläubig in der Theologie" bezeichnet.
Weil eine bewegte Erde angeblich der Heiligen Schrift widersprach, wurde gegen Galilei und sein Buch das Inquisitionsverfahren eingeleitet.
In der religiösen Vorstellung hatte man Erde und Welt als Sphären betrachtet.

Und sie bewegt sich doch!

Camille Flammarion (1882)

Die Sphäre ist eine Bezeichnung, die im Altertum für das Himmelsgewölbe verwendet wurde, das als Kugeloberfläche gedacht war. Der Bezeichnung Sphären lag die geozentrische Vorstellung zugrunde, dass das Himmelsgewölbe aus konzentrischen, durchsichtigen, kristallenen Kugelschalen in verschiedenem Abstand bestände, die sich unterschiedlich drehten und an die Sterne angeheftet wären.
Selbst Martin Luther war hier in einem religiösen Paradigma gefangen. Er sagte einmal:
„Es ist die Rede von einem neuen Astrologen, der beweisen möchte, dass die Erde sich anstelle des Himmels, der Sonne und des Mondes bewegt, als ob jemand in einen fahrenden Wagen oder Schiff denken könnte, dass er stehen bleibt, während die Erde und die Bäume sich bewegen. Aber das ist, wie die Sachen heutzutage sind: Wenn ein Mann gescheit sein möchte, muss er etwas Besonderes erfinden, und die Weise, wie er etwas tut, muss die Beste sein! Dieser Dummkopf möchte die gesamte Kunst der Astronomie verdrehen. Jedoch hat das heilige Buch uns erklärt, dass Josua die Sonne und nicht die Erde bat, stillzustehen."

TEIL I

Bis zu seinem Tode blieb Galilei der Aufsicht der Inquisition unterstellt. Galileo Galilei wurde erst im Jahre 1992 durch den Vatikan rehabilitiert.
Versuchen Sie sich hineinzudenken in die Menschen zur Zeit von Galileo Galilei.
Ein bis dahin gesichertes Weltbild, gestützt durch Religion und „Wissenschaft", wird plötzlich völlig aus den Angeln gehoben. Das Gleichgewicht der etablierten Mächte, die Kontrolle über das Volk, aber auch die Sicherheit des Einzelnen, welcher sich bislang geborgen fühlte in einer für ihn zwar unverständlichen, jedoch offensichtlich für ihn sorgenden höheren Ordnung, geraten ins Wanken! Alles würde bzw. müsste demzufolge in Frage gestellt werden!

Mit entsprechenden drakonischen Maßnahmen wurden deshalb die neuen Erkenntnisse verboten, unterdrückt, verworfen, verrufen. Bekanntlich hatte ja Galileo Galilei seine Ankläger gebeten, einfach nur durch sein Fernrohr zu schauen und sich von der von ihm dargestellten Wahrheit zu überzeugen. Doch man weigerte sich, weil nicht sein kann, was nicht sein darf!
Man manipulierte weiter, trotz offensichtlicher Möglichkeit, das Neue anzunehmen und in eine neue, aber höhere Ordnung zu integrieren.
Aber nicht endgültig! Wahrheit setzt sich letztendlich immer durch.
Wie wird unser Wissen in 50, in 100 Jahren sein? Welchen Irrtümern unterliegen wir heute?
Denn wie schon erwähnt: Die Meinung von heute ist der Irrtum von morgen!

Wir befinden uns heute in einer ähnlichen Situation wie zu Zeiten Galileis. Wir stehen vor einem Paradigmenwechsel galaktischen Ausmaßes!

Rückblickend werden wir eines Tages erkennen, wie diesbezüglich längst bekannte Wahrheiten uns vorenthalten wurden, wie wir manipuliert und gesteuert wurden im Glauben an Meinungen, die uns von der „etablierten" Wissenschaft, den Medien, der Politik, der Kirche, dem Geschichtsunterricht und vielen weiteren Einflussfaktoren eingetrichtert wurden und werden.
Das ist die allgemeine Hypnose, die ich anfangs erwähnte. Welche Macht steckt hinter ihr? Dies zu erkennen ist überlebensnotwendig, denn es geht um ein Erwachen! Es geht um das neue Bewusstsein, es geht um Wahrheit und Klarheit! Doch auch hier gibt es immer wieder eine Ursache hinter der Ursache, und so möchte ich auch hier wieder dort beginnen, wo alles angefangen hat ...
Diese anfängliche Ursache zu verstehen ist notwendig zum Klären dessen, wo wir heute uns befinden. Denn hier und heute sind endgültiges Erkennen, Wahrnehmen und Bewusstwerden nötig!

TEIL I

Abstieg in die Materie

Beim Abstieg in die Materie ist der geistige Lichtfunke, das Geistsamenkorn, noch unbewusst. Von Stufe zu Stufe herabsinkend in die Feinstofflichkeit erwachen in den entsprechenden Hüllen die höheren, ätherischen Sinne, um ihm auf diesen jeweiligen Ebenen Entfaltung zu ermöglichen.

- Der erste Sinn ist ein zunehmendes Sich-Bewusstwerden des eigenen Daseins, ein Bewusstseins-Sinn.
- Der zweite Sinn bildet sich mittels Energie zur Vorstellungskraft.
- Der dritte Sinn ist ein Mitempfinden gegenüber allem, was ist, ein Verbundensein mit allem, was ist.
- Daraus entwickelt sich der vierte Sinn, die Kraft des Zentrierens, des Fokussierens, der Bündelung von Energie und Konzentration.
- Dies führt zum fünften Sinn, dem Sinn von Macht und Ausdruck und Tat. Ab hier drängt es ihn dann immer mehr in eine grobstoffliche Inkarnation.

Diese fünf ätherischen oder feinstofflichen Sinne haben später Verbindung zu den fünf körperlichen Sinnen des Hörens, Schmeckens, Sehens, Riechens und Tastens. Dazu kommen noch die zwei Sinne des Denkens und Fühlens.
Je mehr nun der Mensch in seiner körperlichen Umhüllung einer vermehrten Verstandestätigkeit unterliegt, umso mehr werden die höheren Sinne vernachlässigt.

- Er spürt zwar ein Ich-Bewusstsein, welches aber immer stärker einem mehr oder weniger dumpfen Daseinsgefühl unterliegt.
- Eine eigene Vorstellungskraft wird abgegeben an das, was ihm von außen aufgeprägt wird durch Medien, die ihm Vorstellungen eingeben (z. B. Television, „tell a vision". Visionen werden uns erzählt, damit wie die eigenen nicht mehr aktiv einsetzen!).
- Die Empathie, das Mitempfinden mit der Schöpfung, wird zu einem isolierten „Was geht es mich an, Hauptsache, mir geht es gut". Demzufolge wird Schöpfung ausgebeutet, wo immer es nur möglich ist.
- Die Kraft der bewussten Zentrierung geht dabei verlustig zugunsten eines immer mehr von außen bestimmten Lebens, welches zu immer größeren Leistungen im Sinne gesteigerten Erwerbs von materiellen Gütern herausfordert. Da damit auch ein Energieverlust aus der Quelle einhergeht, wird der Mensch zum Energieräuber an seinem Mitmenschen.[5]
- Jetzt beginnt der kritische Punkt der Entscheidung. Geistiger Energieverlust wird geheilt durch Rückkoppelung an die Quelle oder im anderen Fall führt der Energieraub zu immer schlimmerer Kompensation bis zum Machtwahn über andere.

Letzteres ist leider in unterschiedlicher Intensität der Ist-Zustand der meisten Menschen auf diesem Planeten.

TEIL I

Der Fall in die Materie

Der Mensch im Beginn seines Werdens ist eigentlich von Grund auf gut (im Gegensatz zur Meinung bestimmter philosophischer Richtungen, zu denen z. B. der politische Philosoph Machiavelli, der Philosoph Immanuel Kant und Albert Pike, Freimaurer und Illuminat, gehören).
Während seiner Entwicklung im „Spannungsfeld von Licht und Dunkelheit" besteht für ihn jedoch die dauernde Herausforderung, diese Kräfte auszubalancieren.
Schafft er dies nicht, indem er sich immer und immer wieder auf sein Gewissen, seinen freien Willen und seine Empfindung besinnt, so wird er früher oder später Spielball in der Hand von Kräften, die ihn unaufhörlich und zunehmend verstärkt in ihren finsteren Bannkreis ziehen. Dann sitzt der Verstand auf einem kaiserlichen Thron, der ihm nicht gebührt, und folgerichtig entwickelt sich ein Szenario, wie es der Buchautor Günther Schwab skizziert.
Günther Schwab hat in einem bemerkenswerten Buch mit dem Titel „Der Tanz mit dem Teufel"[6] in visionärer Weitsicht in Romanform eine Welt beschrieben, in deren Mitte wir uns heute, mehr als 50 Jahre nach Erscheinen des Buches, befinden!
Er wurde 1904 in Prag geboren, lebte ab 1918 in Österreich und erhielt von der Hochschule für Bodenkultur in Wien unter Anwesenheit des damaligen Bundeskanzlers, der Unterrichtsminister und zahlreicher prominenter Gäste des In- und Auslandes die akademische Ehrenbürgerschaft.

Er stellt sich in diesem Buch die uralte Frage:
Ist die Welt Gottes oder des Teufels?

Der Fall in die Materie

Darüber streiten sich auch die Protagonisten seines Werkes, vier moderne junge Menschen, der amerikanische Journalist Bob Harding, der deutsche Techniker Alfred Groot, die französische Ärztin Rolande und der schwedische Dichter Sten Stolpe. Da sie sich nicht einigen können und den Weg zu Gott nicht finden, beschließen sie, den Teufel zu interviewen. Sie finden ihn im 82. Stockwerk eines Wolkenkratzers als Boss, als Herrn der Welt, ein Managertyp unserer Zeit. Im vollen Bewusstsein seiner unangreifbaren Macht lässt der Teufel die Dezernenten seines Vernichtungsministeriums aufmarschieren, die in Wort, Bild und Ton berichten, was sie in den letzten 5, 100 oder 1000 Jahren zur Vernichtung der Menschheit veranlasst haben. Es referieren die Abteilungsleiter für Vergiftung der Luft, Vergeudung des Wassers, Vernichtung des Waldes, Verwüstung des Bodens, Vernichtung des Bauerntums, Vergiftung der Landwirtschaft, Verjauchung des Wassers, Entartung durch Feinkost, Gift in der Nahrung, Entseelung durch Hast und Lärm, Entartung durch Lebensstandard und Fortschritt, Vergiftung der Seelen, Krankheit und Medizin, Kampf gegen den Geist, entartete Politik, Atomtod und Untergang durch Massenvernichtung.

Es ist eine lückenlose, wissenschaftlich fundierte und durch ein gewaltiges und erschütterndes Beweismaterial untermauerte Revue jener Vernichtungsgewalten, die der Mensch durch Überheblichkeit, Profitgier und Machtwahn gegen sich selbst aufgerufen hat. Jede für sich würde, konsequent fort entwickelt, unfehlbar zur Selbstvernichtung der Menschheit führen. – Haben seine Kassandrarufe etwas geändert am Zustand der Welt heute?

Hat sich auch nur in einem einzigen oben genannten Bereich etwas zum Positiven verändert? Im Gegenteil! Praktisch alle, wirklich alle einzeln aufgeführten Vernichtungsszenarien haben sich drastisch ausgeweitet, wobei bereits jede für sich allein – wie Günther Schwab formuliert – unfehlbar zur Selbstvernichtung der Menschheit führen würde.

„Ist die Welt Gottes oder des Teufels?", fragt Günther Schwab. Diese Frage beschäftigt auch den Dr. Faust in Goethes Drama:

FAUST:
[...]
Nun gut, wer bist du denn?

MEPHISTOPHELES:
Ein Teil von jener Kraft, die stets das Böse will und stets das Gute schafft.

FAUST:
Was ist mit diesem Rätselwort gemeint?

MEPHISTOPHELES:
Ich bin der Geist, der stets verneint!
Und das mit Recht; denn alles, was entsteht,
Ist wert, dass es zugrunde geht;
Drum besser wär's, dass nichts entstünde.
So ist denn alles, was ihr Sünde,
Zerstörung, kurz, das Böse nennt,
Mein eigentliches Element.

Der Fall in die Materie

Es ist der heraufdämmernde Antichrist mit all seinen Schrecken, der uns zwingt, unsere wahre Natur zu erkennen. Er wird uns auch zwingen, die „Lauheit" abzuschütteln und ist in diesem Sinn der „Dorn", mit dessen Hilfe die göttlichen Mächte den „Splitter" der Unwissenheit entfernen.

TEIL II

Am Ende wird er sein Haupt erheben

Der viel zitierte Antichrist bedient sich all der Menschen, die durch ihre ausschließliche Verstandestätigkeit sich immer mehr vom Geistigen abgekoppelt haben und deren Sinn und Zweck nur noch auf Erdenwissen und Erdenmacht gerichtet ist und die hindernd gegen alles stehen, was außerhalb irdischen Erfassens liegt!
Und da der Gottesbegriff völlig außerhalb des irdischen Verstandeswissens bleibt und auch das Geistige, so ist gerade der übermächtig entwickelte Verstand sich selbst das größte Hindernis. Eine schöne Analogie dazu findet sich heutzutage in der Quantentheorie.
Von dem bekannten Physiker Niels Bohr stammt der Satz:

"Wer über die Quantentheorie nicht entsetzt ist, der hat sie nicht verstanden."

Wobei das Entsetzen paradoxerweise dahingehend gemeint ist, dass, so Niels Bohr, die Quantentheorie außerhalb des verständlichen Begreifens liegt.

"Über Quantenphysik kann man nicht nachdenken, sie liegt außerhalb des Verstandes."
(Niels Bohr)

TEIL II

Von einem mir unbekannten Autor stammen folgende Worte:

„*Die wissenschaftliche Theorie ist – betrachtet vom Standpunkt des lebendigen Lebens – ein künstlicher Haltepunkt im Chaos der Erscheinungen. Sie hat daher den Wert eines seelischen Schutzes. Man droht nicht zu versinken in diesem Chaos, wenn man die Erscheinungen fein säuberlich eingeteilt, registriert, beschrieben hat, und somit verstanden zu haben glaubt.*"

Und die Quantentheorie entzieht nun dem Betrachter diese Sicherheit, da viele bekannte und allgemein gültige Gesetze sich in der Quantentheorie aufheben. Auch eine Chance für geistiges Erwachen!

In der Offenbarung der Bibel heißt es, dass der Antichrist vor dem Gericht sein Haupt erheben wird. Doch nicht, dass er erst kommt. Er wird also den Gipfel seiner Herrschaft haben kurz vor dem Gericht!

Wir stehen mitten in diesem Kampf!

Und diejenigen Mächte, die sich der völligen Dunkelheit überliefert haben, werden mit allen zur Verfügung stehenden Mitteln „bis zum Tode" kämpfen, um ihre Machtstellung zu bewahren.

Dass sich diese Krake der Macht in alle, wirklich alle Bereiche unseres Globus mit tausendfältigen Armen eingekrallt hat, ist vielen Menschen in der heutigen Zeit immer noch nicht bewusst.

Sie lassen sich, wie Günther Schwab es so treffend schildert, von den verschiedenen Dezernaten der weltweit vernetzten Organisationen blenden und sind zu träge und bequem, auch ganz offensichtlich erkennbare Zusammenhänge einfach zu hinterfragen.

Die vielen heute bekannten Verschwörungstheorien, in welcher Gestalt auch immer sie erscheinen, haben einen immens hohen Wahrheitsgehalt!!!

Ich möchte hier nicht auf das unglaubliche Gesamtszenario eingehen, das sich einem interessierten Beobachter darstellt, der einmal wirklich bereit ist, Hintergrundwissen aus den mannigfaltigen, heute möglichen Quellen zu sammeln.
Ein Szenario, wie es schrecklicher nicht sein kann, wenn man die vielen Mosaiksteinchen zusammensetzt und das daraus sich in Folgerichtigkeit zeigende Bild betrachtet, welches als wünschenswert von einer bestimmten Elitegruppe angestrebt wird.

Fällt erst einmal die große Lethargie und Lauheit vom Bewusstsein der Massen, so haben diese Kräfte bald keine Macht mehr. Aus diesem Grunde ist es notwendig, einen kleinen Einblick auf dieses Szenario zu entwerfen, wobei ich dies nur in Ansätzen tun möchte, denn jeder wirklich Interessierte kann sich über entsprechende Literatur und Links im Internet (siehe Literaturverzeichnis) tiefer und weitgehender mit den entsprechenden Themen beschäftigen.
Und dies zu tun ist nur so lange nötig, bis für jeden Einzelnen der „Name des Rumpelstilzchen" genannt und die Macht enttarnt wurde.

Dann erst besteht die Möglichkeit, sich dem eigentlichen Zweck des Buches mit voller Kraft zu widmen, aufzusteigen in ein neues Bewusstsein und aktiv mitzuwirken, damit jeder Einzelne und die Menschheit an sich diesen Quantensprung vollziehen können.

Doch wie sieht die Welt, in der wir leben, in unserem nächsten Umfeld **jetzt** aus?

„In der heutigen Welt hält man oft Zügellosigkeit für Freiheit, während die wirkliche Freiheit doch nur in der Überwindung seiner selbst und seines Willens liegt, sodass man zuletzt solch einen sittlichen Zustand erreicht, in dem man in jedem Augenblick sein eigener Herr ist."
(Fjodor Dostojewski)

Das viel gelobte Prinzip des „Sichauslebens" unter dem Banner der „Freiheit" feiert gerade heutzutage einen Triumph nach dem anderen.

Doch dies führt letztlich mit absoluter Sicherheit in eine allgemeine Verrohung. Selbst dieser gegenüber herrscht bereits Achselzucken, man wundert sich vielleicht und empört sich sogar ein bisschen, aber ein Aufschrei nach Veränderung ist nicht in Sicht.

Wir sehen dies in erschreckendem Ausmaß in der Sexualität, dem Erzwingen eigener Wunsch- oder eingebildeter Bedürfniserfüllungen, der Mode, dem mitmenschlichen Umgang, der Sprache, in „Kunst" und Literatur, genährt und gestärkt durch Einflüsse über Medien aller Art. Ein langsamer, schleichender und giftiger Prozess, der gerade durch seine Langsamkeit gewisse Abwehrmechanismen unterläuft und so immer tiefer Eingang findet ins Massenbewusstsein. Ein bisschen mehr Toleranz, dann noch ein bisschen mehr und wieder ein bisschen mehr ...

Gruppierungen der verschiedensten Arten stärken diesen schleichenden Prozess und der Einzelne, der sich oft sehr wohl noch leise einem inneren „Aber" gegenübersieht, wird, sobald er sich in einer Gruppe bewegt, von deren Machtanspruch aufgesogen und handlungsunfähig bzw. willfährig gegenüber den „modernen" Einflüsterungen.

Hinter all diesen offensichtlichen Verhaltensweisen bewegen sich feinstoffliche Energien, für die wir Menschen uns geöffnet haben bzw. denen gegenüber unsere Abwehrmechanismen nicht mehr intakt sind! Diese Energien und Einflüsterungen steuern hintergründig und voll bewusst diesen allgemeinen Verfall.

Haben wir einen Aufschrei gehört, als das Statistische Bundesamt bekannt gab, dass nach dessen Zählung im 2. Quartal 2007 28963 Kinder im Mutterleib in Deutschland getötet wurden?
In unseren Nachbarländern Holland, Belgien und der Schweiz werden unter dem Stichwort Sterbehilfe Todesurteile über nicht mehr lebenswertes Leben gefällt und man scheut sich auch nicht mehr davor, behinderte Kinder **nach** der Geburt zu töten.

Vor der Geburt tun wir das in Deutschland ja auch und wir täuschen uns selbstgerecht darüber hinweg, wenn wir meinen: Wahrscheinlich ist der Unterschied kleiner, als wir denken; das sind eben nur vergessene und übersehene Abtreibungen ...

Man hat sich auch in unserem Land längst daran gewöhnt, dass ungeborene Kinder der Lebensplanung geopfert oder einfach nur deshalb beseitigt werden, weil sie nicht beabsichtigt waren und deshalb jetzt gerade nicht erwünscht sind.

Und dann geschieht es, wie jetzt in England, dass zugelassen wird, dass menschliches Erbgut in Tiere eingepflanzt wird, um Chimären herzustellen, eine Kreuzung zwischen Tier und Mensch, und man für solche Forschungsvorhaben auch noch Geld lockermacht.

Und im Deutschen Bundestag diskutiert man erneut darüber, ob man nicht auch mit embryonalen Stammzellen forschen „dürfen muss", obwohl das ja nur möglich ist, wenn menschliche Embryonen, also ungeborene Menschen, dafür getötet werden.

Wir haben keine Messlatte mehr für Moral und kosmische Gesetzmäßigkeit. Erlaubt ist, was machbar ist. Und was alles machbar wurde in Wirtschaft, Politik, Geheimgesellschaften, Geheimlogen und Geheimdiensten, liegt oft jenseits unseres Erfassens und ist in **seinen Ausmaßen unvorstellbar!**

Ich werde hier nun einige Dinge beleuchten aufgrund von veröffentlichten Dokumenten, Hinweisen, Buchzitaten etc., wo bei es nicht nötig ist, sich zutiefst in diese Thematik hineinzubegeben. Denn Drama kann, ähnlich wie Hass, Ärger, Neid, Zorn etc., uns mit starker Energiezufuhr versehen, was einer energetischen Nahrungsaufnahme entspricht. Diese energetische Nahrungsaufnahme kann ebenso süchtig und abhängig machen wie Drogen. Denn es gibt dann immer etwas, was im Außen angeklagt, verurteilt und als schuldig gebrandmarkt werden kann, was uns wiederum davon abhält, uns selbst zu ändern.

Hier soll es aber um Entmachtung durch Bewusstwerden gehen, damit wir uns dann ebenso bewusst davon distanzieren können, um in dieser Distanz dann den eigenen Weg in eigener Entscheidung und Kraft, Selbsterkenntnis und Selbstarbeit gehen zu können!

Wir müssen klar verstehen, in welchen unglaublich eingeschränkten Zustand uns diese übermächtig gewordene Verstandesherrschaft gebracht hat, ein Zustand, in dem die Mehrheit der Menschheit heute samt ihrer Führer bewusstseinsmäßig verankert ist. Erst aus dieser klaren Erkenntnis he raus können wir nach Wegen Ausschau halten, die uns in ein neues Bewusstsein führen, und eruieren, mit welchen Hilfsmitteln wir dieses erreichen können. Das ist Ziel und Zweck dieses Buches, vom Baum der Erkenntnis hin zum Baum des Lebens.

TEIL II

Die neue Weltordnung

Im Zusammenhang mit aktuellen Verschwörungstheorien fällt oft der Name „Illuminati".
Was hat es damit auf sich?

Der Illuminatenorden wurde am 1. Mai 1776 vom Ingolstädter Professor Adam Weishaupt gegründet und verfolgte das Ziel, die Menschheit mittels der Aufklärung aus der Herrschaft durch Thron und Altar zu befreien.
Mit der Zerschlagung des Ordens in Bayern entstanden viele Spekulationen über den Orden: Man sagte ihm nach, dass er im Verborgenen weiterexistiere und den Samen für die Französische Revolution gelegt habe.
Mit der Zeit wandelten sich die Theorien um den Orden, sodass der Begriff Illuminaten bald nicht mehr für einen Bund von radikalen Aufklärern stand, sondern für eine elitäre Gruppe, die hinter den Kulissen die Fäden zog und deren Ziel eine neue Weltordnung war.
Nach dem Tod von Adam Weishaupt soll Giuseppe Mazzini (Freimaurer) Anführer der Illuminaten geworden sein.
Auszüge aus seinem viel zitierten Briefwechsel mit Albert Pike (ebenfalls Freimaurer) beleuchten spätere Entwicklungen:

Mazzini an Pike 22. Januar 1870
„Wir müssen allen Verbänden gestatten, wie bisher weiterzuexistieren mit ihren Systemen, ihren zentralen Organisationen und den verschiedenen Arten der Korrespondenz zwischen den hohen Graden desselben Ritus, in ihren gegenwärtigen Organisationsformen. Aber wir müssen einen Superritus schaffen, der unbekannt bleiben

soll und in den wir die Maurer hoher Grade nach unserer Wahl berufen werden. Aus Rücksicht auf unsere Mitbürger müssen sich die Männer der strengsten Geheimhaltung unterwerfen. Mit diesem obersten Ritus werden wir das gesamte Freimaurertum regieren; er wird die internationale Zentrale werden, die umso mächtiger ist, weil seine Leitung unbekannt sein wird."

Dem ist hinzuzufügen, dass die Freimaurerei (auch königliche Kunst genannt) ursprünglich eine weltumspannende, humanitäre Initiationsgemeinschaft war. Sie ist in Logen organisiert und vereint Menschen aller sozialen Schichten, Bildungsgrade und religiösen Vorstellungen. Ihre Symbolik wird in Zeremonien und Ritualen vermittelt und dient der geistigen und ethischen Selbstvervollkommnung. Dadurch sollen Brüderlichkeit und Humanität gefördert werden. Viele berühmte Persönlichkeiten finden sich unter ihren Mitgliedern, so auch bekannterweise Wolfgang Amadeus Mozart. Ähnliche Ziele setzten sich die Rosenkreuzer, ebenso eine Geheimgesellschaft, deren Anfänge im 17. Jahrhundert liegen und deren Mitglieder vorrangig die Höherentwicklung des geistigen Menschen beabsichtigten mittels der Lehren der Hermetik und Alchemie.

Da Kirche und Staat den Lehren der Geheimbünde oft konträr entgegenstanden, war es logisch, dass sich Gleichgesinnte in Logen deren Zugriffen entzogen.
Die Mitglieder solcher Geheimbünde waren meist hochintellektuell und überragten weit das Bewusstsein der Allgemeinheit. Gerade aus diesem Grund waren sie ja für manche herrschenden Kreise eine Gefahr, der sie sich durch Logenzugehörigkeit im Geheimen zu entziehen versuchten.

TEIL II

Dass hier eine Elite sich entwickelte, ist unzweifelhaft. Und dass, wenn man dem Briefwechsel zwischen Mazzini und Pike Glauben schenkt, es eine sich anbietende Verlockung ist, aus dieser Elite Leute auszuwählen, die sich den Gedanken einer neuen Weltordnung eingliedern, ist naheliegend.

Was sind die Bestrebungen dieser neuen Weltordnung?

Die Agenda der neuen Weltordnung hat zum Ziel:

Eine globale, faschistische Diktatur mit Zentralisierung von Macht durch:

- internationale Gesetze,
- eine Weltregierung,
- eine Weltbank,
- eine Weltwährung (elektronisch gesteuert),
- eine Weltarmee (um die Einhaltung der internationalen Gesetze zu erzwingen),
- vier Superstaaten: Europäische Union, Amerikanische Union, Pazifische Union und Afrikanische Union.

Das Schreckensbild der neuen Weltordnung ist die totale Abhängigkeit und Kontrolle durch eine kleine Machtelite. Die Folgen wären Ausbeutung der Massen und totalitäre Methoden, um die Macht zu behalten. Die gegenwärtige Entwicklung in den USA, insbesondere die Aufweichung konstitutioneller Rechte durch den USA PATRIOT Act und den Military Commissions Act, geht gezielt in diese Richtung.

Die neue Weltordnung

Zu den Kontroll- und Beeinflussungsmechanismen gehören u. a. eine immer stärkere Überwachung der Menschen durch Computerchips (z. B. RFIDs unter der Haut oder in Reisepässen)[7] und eine Beeinflussung des Weltwetters durch Fernaufheizen mittels Hochfrequenz (US-Projekt HAARP in Alaska) oder durch chemische Stoffe (Chemtrails).[8]

Um gewisse Gesetze zu installieren, gegen welche die Bevölkerung Widerstand zeigen würde, werden bewusst Probleme kreiert, die in der Folge als Reaktion bei den Menschen den Ruf nach mehr Sicherheit hervorrufen. Aufgrund dessen können dann die schon vorher erarbeiteten Gesetze mühelos als „Lösung" der Bevölkerung untergeschoben werden.
Problem-Reaktion-Lösung!

Es gibt eine real existierende Desinformationsindustrie auf allen Ebenen, was die Hintergründe von vielen Ereignissen betrifft, von denen wir zu glauben haben, was zu glauben gewünscht wird.

Wer ist letztlich dafür zuständig?
*„Es gibt außerhalb der bekannten Regierungen eine Schattenregierung. Diese Gruppe hat wirtschaftliche, monetäre, transnationale und religiöse Interessen. Sie zieht die Fäden, an denen die Marionetten der Regierung hängen und sie ist **staatenübergreifend**."*[9]

Dr. Steven Greer, der durch seine Forschungen und die Aufdeckung geheimer Machenschaften für diese Gruppe ins Rampenlicht rückte, macht in seinem Buch „Verborgene Wahrheit, Verbotenes Wissen"[9] (welches sich vorrangig mit der Geheimhaltung außerirdischer Präsenz auf unserem Planeten

TEIL II

beschäftigt) folgende Aussage aufgrund eigener Erfahrung. Er beschreibt einen Dialog mit einem Gesprächspartner und stellt dabei fest:

„Diese Gruppe oder Zelle innerhalb der Schattenregierung versuchte, unser Vorhaben zu durchkreuzen. Bedenken Sie, wir befinden uns im Jahr 1994. Ein ehemaliges Oberhaupt des Geheimdienstes der Armee – ein Mitglied dieser Gruppe – hatte mir 1992 einen Sitz in ihrem Gremium angeboten. Die Dinge entwickelten sich also, doch ich wich nicht von meinem Weg ab, weil ich nun einmal so bin. Dieser Mann sagte nun: ‚Wir können Ihnen wirklich helfen'. Ich frage: ‚Wie meinen Sie das?'
‚Nun, wenn Sie bei Ihrem Vorhaben Unterstützung brauchen, dann nehmen Sie unsere Hilfe doch einfach an.' Ich sagte: ‚Wie haben Sie denn vor, uns zu helfen?' – ‚Sie sind doch Arzt, richtig? Also haben Sie auch einen Kreditrahmen. Wir haben das überprüft.'
Ich antwortete: ‚Ja, den bestmöglichen.'
Daraufhin schlug er vor: ‚Wir wissen, dass Sie Platin- und Goldkarten besitzen. Nutzen Sie diese doch einfach jeden Monat maximal aus: 50000 Dollar, 100000 Dollar, soviel Sie wollen. Und überlassen Sie uns deren Nummern. Da sich alle Supercomputer, die hinter dem weltweiten Banksystem stehen und es überwachen, in unserem Besitz befinden, werden wir die Beträge einfach jeden Monat löschen.'

„Das ist eine wahre Geschichte! Ich schwöre Ihnen, jedes Wort davon ist wahr. Setzen Sie mich unter Drogen oder hängen Sie mich an irgendeine Maschine – ich erzähle Ihnen hier die reine Wahrheit."

Soweit Dr. Greer. Ich denke, dem ist nichts hinzuzufügen!

Hinter den Kulissen wird die Welt verändert

Vor jeder Therapie steht die richtige Diagnose! Nicht anders im großen Weltgeschehen. Die Diagnose muss klar und deutlich erkennbar werden, erst dann kann eine Therapie zum Einsatz kommen, die das Übel bei der Wurzel erreicht und ausrottet. Das betrifft nicht nur die Welt im Großen, sondern auch jeden einzelnen Menschen! Wir müssen verstehen, dass der Zustand der Welt, in der wir uns befinden, die Folge des ins äußerste Extrem gehenden Sündenfalls in die Materie darstellt. Eine Welt, in der eine „Elite" von geistig Toten eine Weltordnung anstrebt, die ausschließlich auf einer aufgeblähten ungeheuerlichen Verstandesherrschaft besteht, abgekoppelt von Menschenwürde und Menschenachtung.

Es ist mir wichtig, dass Sie verstehen, weshalb es eine dringliche Notwendigkeit ist, Hintergründe aufzudecken, den Zustand der Welt und deren Marionettenspieler zu entlarven. Die Dringlichkeit besteht im Bewusstwerden dessen, was **ist**, damit das, was sein sollte und sein **wird**, dann immer klarer sich davon absetzt und deutlich vor unseren Augen sichtbar wird! Aus diesem Grunde ist es notwendig, einige Dinge zu beleuchten, die jedoch nur auszugsweise stellvertretend sind für ein großes Geflecht von Täuschung und Wahrheitsunterdrückung. Es steht außer Frage, dass in fast allen uns bekannten Institutionen, und seien sie nach außen hin auch noch so integer im Erscheinungsbild, Zellen aus dieser in vorigen Kapitel genannten Schattentruppe eingeschleust sind, die zwar offiziell den Eindruck erwecken, im Dienst der Angelegenheiten der jeweiligen

TEIL II

Institution zu stehen, insgeheim jedoch zu Zwecken der Infiltration und Spionage tätig sind.
Ich persönlich bin heute sehr kritisch, wenn die Medien bestimmte Ansichten, Meinungen und Empfehlungen propagieren. Dort bin ich äußerst skeptisch. Jedoch dort, wo etwas verleumdet, lächerlich gemacht und verurteilt wird, dort sollte man meines Erachtens ganz genau nachprüfen. Denn hier ist meist ein beträchtlicher Teil an Wahrheit verborgen! Hier gilt es, selbst zu überprüfen, zu recherchieren und sich eine eigene Meinung zu bilden! Das ist meist mühsam und deswegen für viele Menschen inakzeptabel. „Wahr" ist für viele immer noch, was „schwarz auf weiß" gedruckt oder sonst wie veröffentlicht ist. Jedoch:

**„Was jedermann für ausgemacht hält,
verdient am meisten untersucht zu werden!"**
(Göttinger Philosoph Christian Lichtenberg)

Die Lüge hat sich in jeder Institution der Welt eingeschlichen mit dem Zweck von Kontrolle, Manipulation und Unterdrückung, ganz nach den von Günther Schwab in seinem Buch
„Der Tanz mit dem Teufel" dargestellten Vorgehensweisen.
Es wird der Tag kommen, wo man die Lüge überall ganz offen sehen wird!
Das ist der Tag der Befreiung, denn „die Wahrheit wird uns freimachen!"

Nicht die jeweilige Autorität, wo auch immer sie sich befinden mag, repräsentiert die Wahrheit, sondern die Wahrheit selbst ist dann die Autorität!

Dann müssen wir uns, erlöst von dem Druck des Nichtwissens, freudig unserer eigenen Entwicklung widmen und die kostbare Zeit nützen, mitzuwirken am Aufstieg des Bewusstseins!

Im Anhang am Ende des Buches finden Sie Dokumente und Hinweise zur Wahrheitsfindung. Wenn Sie sich in diese aufklärenden Berichte vertiefen, werden Sie in Anbetracht der Integrität der Personen und deren Aussagen erschüttert sein. Hüten Sie sich aber vor der Gefahr, in diesen Dramen hängen zu bleiben. Die angeführten Beispiele sollen lediglich dazu dienen uns die Augen zu öffnen, unserer eigenen Intuition zu vertrauen und gewisse Strukturen zu „entmächtigen", wie es im Märchen „Rumpelstilzchen" angedeutet ist!

Sie werden darin auch Dokumente und Aussagen finden bezüglich unserer galaktischen Besucher. Viele dieser Hinweise werden Ihnen geradezu unglaublich erscheinen. Dazu einen treffenden Ausspruch des Philosophen Arthur Schopenhauer, welcher Ihnen helfen kann, sich über die Hürde einer verweigerten Akzeptanz hinaus zu bewegen:

Neue Erkenntnisse durchlaufen bis zu ihrer Anerkennung drei Stufen:

- In der 1. Stufe werden sie lächerlich gemacht.
- In der 2. Stufe werden sie bekämpft.
- In der 3. Stufe gelten sie als selbstverständlich!
- Stufe 1 und Stufe 2 haben wir über 70 Jahre lang akzeptiert! Wir befinden uns im Übergang zur Stufe 3! Bleiben Sie nicht zurück!

TEIL II

Was diese galaktischen Besucher betrifft, so bleibt natürlich noch die Frage offen, wie es möglich ist, Raum und Zeit zwischen den verschiedenen Sternsystemen zu überwinden. Gehen wir von unserem heutigen „offiziellen" Wissensstand aus, so sind bemannte, interstellare Reisen zwischen erdähnlichen und anderen Planeten zur jetzigen Zeit noch nicht möglich. Denken wir zurück, wie war es zu Zeiten von Galilei? Und das ist noch gar nicht so lange her! Nach dem damaligen „offiziellen" Wissensstand war die Erde eine Scheibe und logischerweise konnte sie ja gar keine Kugel sein, denn: Wäre man auf der anderen Seite der Kugel, so würden die Menschen ja mit dem Kopf nach unten stehen und dementsprechend von der Erde herunterfallen. Eine für damals logische Schlussfolgerung!
Zu dieser Thematik sagt Dr. Greer in seinem aufschlussreichen Buch: „Verborgene Wahrheit – Verbotenes Wissen"[9]:

„Nun, diese außerirdischen Zivilisationen haben alles über die Struktur der Zeit, des Raumes und der Nichtlokalität herausgefunden ... Es ist folgendermaßen: Nehmen Sie unsere eigene Galaxie, die Milchstraße, mit einem Durchmesser von circa 100000 Lichtjahren.

Ein nahe gelegenes Sternsystem wäre meinetwegen ein Prozent dieser Distanz von uns entfernt, also 1000 Lichtjahre. Nehmen wir das als Beispiel. Wenn Sie nun mit dem Sternsystem kommunizieren würden und auf eine Antwort warteten, würden Sie vielleicht sagen: ‚Hey, wie geht's?', und die Antwort lautet: ‚Danke, sehr gut; und wie geht's euch?' – dann würde dieser Small Talk 2000 Jahre dauern! Wieso und warum?
Ein Lichtjahr beschreibt die Distanz, die eine herkömmliche elektromagnetische Welle, mit rund 300000 Kilometern pro Sekunde,

in einem Jahr zurücklegen würde. 1000 Lichtjahre bedeuten also, dass es 1000 Erdenjahre dauern würde, bis unsere Botschaft zu dem Planeten gelangen würde und 1000 weitere, bis wir die Antwort erhielten. Und dabei sprechen wir hier nur von einem Prozent der Ausdehnung unserer eigenen Galaxie!

Die Lichtgeschwindigkeit ist einfach zu langsam, sie ist kein brauchbares Mittel, um über interstellare Entfernungen zu kommunizieren, geschweige denn zu reisen. Ohne Überlichtgeschwindigkeit würden wir es nicht einmal schaffen, unser eigenes Sonnensystem zu umrunden. Das bedeutet auch, dass jede Zivilisation, die uns besucht, diese Technologien und Wissenschaften, die weit über die Lichtgeschwindigkeit hinausgehen, bereits gemeistert und verstanden hat – ich nenne das den ‚Grenzübergang' des Lichts. Wenn sie das verstanden haben, dann haben sie auch den Knotenpunkt entdeckt, in dem Elektromagnetismus, Materie, Raum, Zeit und Bewusstsein zusammentreffen."

Weiter führt er den Dialog mit einem Gesprächspartner fort, in dem er zitiert:

„Ich erläuterte, dass die außerirdischen Zivilisationen technologiegestützte, bewusste Systeme betreiben, ebenso wie bewusstseinsgestützte Technologie – eine Schnittstelle zwischen Geist und Gedanken, einer spezialisierten Physik und Elektromagnetismus. Folglich kommunizieren sie von einem angenommenen Punkt A auf der Erde zu einem 1000 Lichtjahre entfernten Punkt B, ihrem Heimatplaneten, in Echtzeit. Sie bewegen sich also außerhalb der linearen Raumzeit in einem nichtlokalen Aspekt des Universums. Dazu benötigt man eine sehr fortschrittliche Physik, aber eben auch die Spektren der Gedanken und des Bewusstseins.

TEIL II

Diese Wesen können einfach an ein Gerät denken oder sich mit einem Gerät verbinden, worauf die Botschaft unmittelbar und fehlerfrei an einen anderen Punkt übertragen wird – und das ist technologisch; nicht einfach nur ‚telepathisch'.

Die Informationen und Bilder werden nonlokal, in Echtzeit, an einen anderen Raumpunkt transferiert, egal wie weit entfernt er ist. Man kann das mit zwei Schwingungsknoten vergleichen, die spontan in Resonanz treten. Das Signal geht direkt von einem Punkt auf den anderen über und umgeht damit die lineare Raumzeit."

Vor einiger Zeit hat Dr. Greer[15] mit wichtigen Mitgliedern eines G 7-Staates zusammengearbeitet um einen offenen Kontakt mit außerirdischen Zivilisationen einzuleiten, die verantwortlich sind für einige der weltweiten Sichtungen von UFOs.

Wenn manches im Anhang Ihnen auch noch so unglaublich erscheinen wird, so bleibt Ihnen ja Gelegenheit, weitere Nachforschungen selbst anzustellen. Das Literaturverzeichnis bietet Ihnen dazu genügend Möglichkeit.

Alles muss neu werden

Was läuft falsch auf unserem Planeten? Es scheint: Unsere Erde ist in den falschen Händen!

Es ließen sich über viele der einzelnen „Dezernate", wie sie Günther Schwab in seinem Buch „Der Tanz mit dem Teufel" beschreibt, ganze Bücher füllen. Diesbezüglich gibt es ja auch bereits genügend Informationsliteratur auf dem Markt, angehäuft mit Tatbeständen, die allesamt denselben Untergrund haben. Geld, Macht, Manipulation Lüge, Ausbeutung, Desinformation und deren weitverzweigte Vernetzungen. Sei es in der Agrarkultur, in der Medizin, in der Nahrungsmittelindustrie (sehen Sie dazu einen höchst aufschlussreichen Vortrag der amerikanischen Ärztin Dr. Rima Laibow)[14] und vielen weiteren Bereichen.

Was läuft falsch auf unserem Planeten?

Die konkreten Gefahren auf unserer Erde sind in der richtigen Reihenfolge:

1. das Geld
2. die Politiker
3. die Journalisten, Medien
4. die Drogen
5. die Religionen.

Das Geld ist zum absoluten Machtinstrument geworden, welches den größten Teil der Weltbevölkerung daran hindert, sich durch Weiterbildung Information und Wissen anzueignen. Die den Menschen zur Verfügung stehende Energie wird vollkommen aufgesogen im alltäglichen Kampf ums Überleben.

TEIL II

Die Politiker der Welt unterliegen wissentlich oder unwissentlich den hintergründigen Machtstrukturen einer real existierenden Schattenregierung. Sie sind eingebettet in ein abhängiges System, dem sie früher oder später zu dienen beginnen.

Die Journalisten und die Medienwelt sättigen heutzutage das angebliche Bedürfnis nach Sensation. Dieses Bedürfnis wird jedoch über verschiedene Kanäle den Menschen einsuggeriert und ist so ins Massenbewusstsein eingespeist, dass es für die meisten Menschen zu Abhängigkeiten und einem immer tiefer werdenden „Schlummer" führt. Sind nicht genügend Sensationen vorhanden, werden sie kreiert und als glaubhaft dargestellt. Lügen werden als Wahrheiten verkauft, wenn sie einer bestimmten Gruppe dienlich sind.

Der weltweite Drogenkonsum ist bewusst gesteuert und gezielt auf die Jugend gerichtet, die dann beim Erwachen der Sexualität diese Kraft nicht zur Sehnsucht nach Höherem lenkt, sondern sich in angeblicher „Freiheit" und „Selbstbestimmung" willig dem Einfluss niederer Strömungen ausliefert.
Die Einflussnahme und Macht bestimmter Religionen und ihrer jeweiligen Vertreter „befreit" den Menschen von seiner Selbstverantwortung und lenkt allzu oft ab von der Arbeit des Einzelnen an sich selbst.

Deshalb: Alles muss neu werden!
Viele Menschen auf Erden glauben, dass sie in hohem Grade fortgeschritten sind, aber dem ist nicht so. Das ganze System ist entstellt.

Die Lösung, das heißt die LosLösung, bezüglich der Probleme unseres Planeten hängt von der Liebe ab, nicht vom Geld! Es erfordert jedoch, dass die Menschen über Hass, Groll, Eifersucht und Neid hinauswachsen. Wir müssen also den „Sündenfall" rückgängig machen, der bedingt ist durch das Überhandnehmen und die Vorherrschaft des Verstandes und uns nun dem Baum des Lebens zuwenden!

Wie im Blutkreislauf eine Unterbrechung zur Erkrankung und zuletzt zum Untergang eines Organsystems bis zum Tod führen kann, so auch eine Unterbindung der geistigen Wechselströme, was zuletzt Verwirrung, Fäulnis und Katastrophen bis zum Harmagedon (Harmagedon oder Armageddon bezeichnet in der Offenbarung des Johannes den Ort der endzeitlichen Entscheidungsschlacht) führen kann.
In diesem Endkampf befinden wir uns!

Die „Sünde" der Abwendung vom Geistigen hat sich über die Veränderung der Gehirnstrukturen als sogenannte „Erbsünde" im grobstofflichen Körperkleid in einem immer größer werdenden „Großhirn" weiter vererbt auf Kosten anderer Gehirnareale, so auch auf Kosten des „Kleinhirns", welches befähigt ist, die Verbindung zum Geistigen zu gewährleisten. Erinnern Sie sich noch an das Gespräch des Pharao mit seiner Tochter?[3]

„... Nun weißt du, warum die Menschen, die aus dem Volk stammen, eine andere Kopfform haben als die Nachkommen der Söhne Gottes, die heute noch die regierende Familie bilden. Wir, die noch diesen Langschädel haben, brauchen unseren Verstand nur wenig, denn wir erleben die Wahrheit unmittelbar aus innerer Schau.

TEIL II

Unsere Stirne ist nicht stark gewölbt, denn die Gehirnzentren, in welchen das Denkvermögen den Sitz hat, sind nur so weit entwickelt, als es notwendig ist, äußere Eindrücke wahrzunehmen und bewusst zu erleben.

Dagegen haben wir im hinteren Schädel vollkommen entwickelte Gehirnzentren, das sind die körperlichen Werkzeuge der geistigen Offenbarungen. Diese Gehirnzentren ermöglichen uns, auf der göttlichen Ebene bewusst zu sein, und geben uns auch jene höheren Qualitäten und Eigenschaften, die uns eben von den Menschensöhnen unterscheiden. Die Menschen leben in ihrem Bewusstsein in Zeit und Raum. Wir, obwohl auch in einem irdischen Körper, genießen die vollkommene geistige Freiheit, Zeit- und Raumlosigkeit. Mit der Kraft des göttlichen Bewusstseins, mithilfe dieser Gehirnzentren können wir uns in der Zeit und im Raum frei bewegen ..."

In diesen Worten ist klar erkennbar, daß das hintere Gehirn wie eine Antenne fähig ist, Geistiges aufzunehmen, um dieses dann an das Vorderhirn zur grobstofflichen Verarbeitung weiter zu leiten. Das Vorderhin wiederum soll die Erfahrungen durch die Sinne aus der Umwelt aufnehmen, verarbeiten und an das hintere Gehirn weiter leiten, damit diese dem geistigen Kern als Erkenntnis zur Verfügung gestellt werden. Diese schöpfungsgesetzmäßige Zusammenarbeit dieser beiden Gehirnanteile ist jedoch durch immer mehr sich ausbreitenden Materialismus unterbrochen worden.

Die Brücke zwischen Geist und Verstand

Wie können wir die gestörte Brücke zwischen Geist und Verstand wieder aktivieren, um den Weg frei zu machen für ein neues Bewusstsein?

Wie schon anfangs erwähnt, berichtet uns die Bibel vom Baum der Erkenntnis und vom Baum des Lebens, beide inmitten des Paradieses. In Bezug auf die Form des menschlichen Kopfes und in Bezug auf den Baum der Erkenntnis und den Baum des Lebens gibt es hierzu eine wunderbare Analogie.

Der auffallendste und charakteristischste Teil des menschlichen Gehirns ist das **Großhirn**, welches – wie sein Name schon sagt – den größten Teil des Schädelinnenraumes beansprucht. Es besteht aus zwei Hemisphären, die durch das Corpus Callosum, einem Bündel von Nervensträngen, miteinander verbunden sind. Diese Verbindung entwickelt sich in der Kindheit und sichert die Zusammenarbeit und den Informationsaustausch der beiden Hemisphären.

Die linke Großhirnhälfte arbeitet analytisch.
Hier befindet sich der Sitz der Sprachproduktion, des Sprachverständnisses und der Logik. Informationen werden in Details zerlegt und seriell oder sequenziell geordnet und verarbeitet. Diese Hälfte ermöglicht abstraktes, logisches, folgerichtiges, zeit- und realitätsorientiertes und lineares Denken und steuert unsere rechte Körperseite.

Die rechte Großhirnhälfte arbeitet synthetisch.
Von hier aus erfolgt die Steuerung von Emotionen, Gefühlen und räumlich-bildhaften Vorstellungen. Informationen

werden als Ganzes erfasst und simultan verarbeitet. Kreativität, Musik, Rhythmus, Fantasie, visuelles Erinnerungsvermögen und Körperkoordination sind Fähigkeiten, die hauptsächlich dieser Gehirnhälfte zugeordnet werden. Die rechte Gehirnhälfte steuert unsere linke Körperseite. In der Zeit der Computertechnologie gibt es viele Parallelen zu den Vorgängen des menschlichen Gehirns, vorrangig des Großhirns, welches verstandes- und gefühlsorientiert ist. Dieser Teil des Gehirns ist vergleichbar mit dem Baum der Erkenntnis von Gut und Böse. Es ist die mögliche Trennung zwischen Gefühl und Verstand, wobei beide wiederum weitgehend getrennt von der geistigen Empfindung existieren können.

So wie die Früchte des Baumes der Erkenntnis eine Teilung in Gut und Böse, also in Dualität, Trennung, Analyse und Synthese bewirken, also großhirnorientiert sind, so ganz anders der Baum des Lebens.
Ist der Baum der Erkenntnis gebunden an die Dualität der Stofflichkeit, so verbindet der Baum des Lebens mit der Einheit des paradiesischen Ursprungs.

Das Kleinhirn, welches im hinteren Teil des Schädels liegt, wird in der Anatomie, bezogen auf das makroskopische Aussehen desselben, interessanterweise als Arbor vitae cerebelli, als **Lebensbaum** bezeichnet! Wie zutreffend diese Bezeichnung nicht nur wegen des visuellen Eindruckes eines Baumes ist, möchte ich Ihnen nachfolgend erklären.

Die Brücke zwischen Geist und Verstand

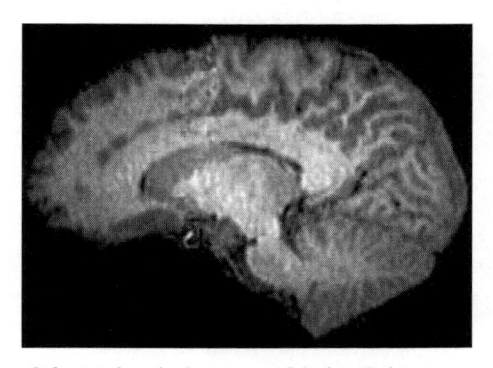

Schnitt durch das menschliche Gehirn.
Das Kleinhirn ist violett markiert. (Wikipedia)

Es ist gerade das Kleinhirn, welches die Fähigkeit und die Aufgabe hat, die geistigen Empfindungen (nicht zu verwechseln mit Gefühl!) via Sonnengeflecht an das Großhirn weiterzulei ten. Dies ist (siehe die Worte des Pharao bezüglich der Schädelformation!) einer näheren Betrachtung wert.

Medizinisch gesehen erfüllt das Kleinhirn wichtige Aufgaben bei der Steuerung der Motorik. Es ist zuständig für Koordination, Feinabstimmung, unbewusste Planung und das Erlernen von Bewegungsabläufen. Die höheren Aufgaben des Kleinhirns sind der Wissenschaft noch nicht bekannt. Jedoch könnte sich ein Weg dorthin anbahnen, da ihm gemäß neusten Erkenntnissen zahlreiche höhere kognitive Prozesse zugeschrieben werden.

„Zu den kognitiven Fähigkeiten eines Menschen zählen zum Beispiel die Aufmerksamkeit, die Erinnerung, das Lernen, die Kreativität, das Planen, die Orientierung, die Imagination, die Argumentation, die Introspektion, der Wille, das Glauben und einige mehr. Kognitive Fähigkeiten werden von verschiedenen Wissenschaften, wie der Psychiatrie, der Psychologie, der Philosophie, der Neurowissenschaft und der künstlichen Intelligenz untersucht." (Wikipedia)

Worin liegt nun die eigentliche Aufgabe des Kleinhirns? Wie schon anfangs erwähnt, liegt der Ursprung des Geistkeimes im geistigen Reich. Durch zunehmende Verdichtung erhält er weitere Hüllen. Tritt er in die Ebene der Stofflichkeiten ein, so bekommt er Hüllen, und zwar als Erstes eine feinstoffliche – ein Seelenkleid. Kommt der Mensch in diesem Gewand an die irdisch-grobstoffliche Grenze, so trägt er bereits Hüllen aus den wesenhaften und feinstofflichen Ebenen. Geht diese Seele nun in die irdische Inkarnation ein, so kann sie nicht ohne Weiteres in einen Erdenkörper schlüpfen.

„Die Seele selbst, die sich in ihrer Art dem grobstofflichen Körper nie verbindet, sondern die nur fähig ist, sich einem Erdenkörper anzuschließen, wenn die dazu bedingten Voraussetzungen erfüllt sind, vermochte ohne besondere Brücke den Erdenkörper nicht zu bewegen, ebenso wenig zu durchglühen. (...) Und diese Brücken sind das, was heute schon von vielen der Astralkörper genannt wird. Der Astralkörper besteht aus mittlerer Grobstofflichkeit (...). Der Astralkörper muss allem vorangehen, was in der schweren Grobstofflichkeit sich formen soll. Die astralen Dinge sind nicht Abbilder, wie viele meinen, sondern Vorbilder der Dinge in der schweren Grobstofflichkeit. So hat also jedes Stück auf der Erde, sogar die Erde selbst, ein mitwirkendes Modell (...)."[2]

Im Astralkörper, wie auch in den höher liegenden Hüllen, befinden sich Energietransformatoren, welche höher schwingende Energie für den physischen Körper nutzbar machen.

Die Brücke zwischen Geist und Verstand

Wie das funktioniert, können wir uns mithilfe eines Beispiels erklären. Das Elektrizitätswerk einer Stadt stellt sehr hohe Energie zur Verfügung. Diese wird über eine lokale Zentralstelle durch Stromleitungen weiter verteilt und zu nutzbarer Energie heruntertransformiert. Die Endgeräte entnehmen dann die jeweils benötigte Energie: Der Herd, die Waschmaschine oder der Kühlschrank benötigen mehr als z. B. eine Glühlampe oder das Bügeleisen.

Vergleichbares geschieht im Astralkörper, ebenso in den jeweils höheren Körpern. Bestimmte Transformationsstellen, Energiewirbel, im indischen Sanskrit Chakras (Energieräder) genannt, nehmen die höher schwingende Energie auf, transformieren sie und leiten sie über viele Energieleitbahnen, Meridiane genannt, zu den Stellen, die diese Energie benötigen. Dort wird sie aufgenommen und schließlich im Körper von den jeweils zuständigen körperlichen Nervenansammlungen, Plexi genannt, weitergeleitet zu den inneren Drüsen, zum Blut und zu den Organen. Hier findet sich eine weitere Entsprechung, denn „wie oben, so unten", wie im Kleinen, so im Großen! Stellen wir uns ein Kind im Mutterleib vor, das durch die Nabelschnur über die Plazenta mit der Mutter verbunden ist, wodurch ein Kreislauf der Stoffaufnahme entsteht. Hier sind zwei verschiedene Körper über einen Verbindungsstrang miteinander verbunden. Auch kurz nach der Geburt – bei räumlicher Trennung der beiden Körper – existiert diese Verbindung noch, und erst bei Durchtrennung der Nabelschnur wird sie gelöst.

TEIL II

Die Existenz dieses Körpers wird nachvollziehbar beim sog. Phantomschmerz. Dieser kann auftreten, wenn Gliedmaßen (z.b. Arm oder Bein) durch einen Unfall ganz oder teilweise vom physischen Körper abgetrennt werden (siehe Abbildung). Menschen verspüren oft noch Schmerzen in dem Teil des Körpers, der infolge einer Amputation gar nicht mehr vorhanden ist.

Was nun die Plazenta im Mutter-Kind-Kreislauf bedeutet, ist im physischen Körper das Sonnengeflecht: eine Ansammlung von Nervenbahnen im Bereich des Oberbauches, die in ihrer Verzweigung mit den Strahlen der Sonne verglichen werden – daher der Name. Analog zur Nabelschnur existiert im feinstofflichen Bereich die „Silberschnur". Der Name ist hier nicht wörtlich zu nehmen; es handelt sich dabei um eine Art Energiekanal, welcher den Astralkörper mit dem physischen-Körper verbindet und im Sonnengeflecht, dem Solarplexus, verankert ist.

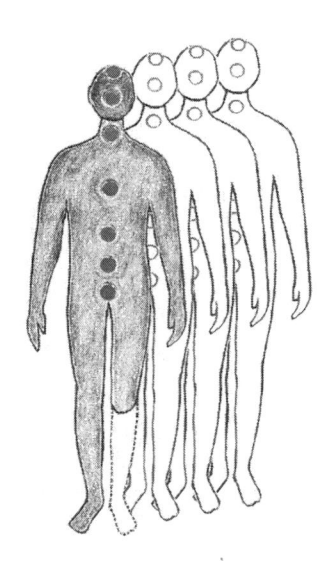

Die Brücke zwischen Geist und Verstand

Durch die verschiedenen Ebenen wirkt nun das Wollen des inwendigen Geistes durch einen Strahlungsvorgang über den feinstofflichen auf den grobstofflichen Körper und ist hier als Empfindung im Bereich des Sonnengeflechtes wahrnehmbar. Der Psychoanalytiker C. G. Jung (1875–1961) hat darauf hingewiesen, dass der Solarplexus in der Körpersymbolik häufig als Sitz der „participation mystique" (der mystischen Teilhaftigkeit) auftritt. Damit hat er es auf den Punkt gebracht, denn hier ist die Schaltstelle zwischen Geist und Körper. Man spricht vom sogenannten Bauchhirn, welches nun via Rückenmark Empfindungen zum Kleinhirn weiterleitet. Das Kleinhirn seinerseits überträgt diese Empfindung als Bild an das Großhirn, wo das Wollen des Geistes dann in Form von Gedanken zu Wort und Tat werden kann.

Diese Brücke vom Geist via Kleinhirn zum Großhirn funktioniert bei den meisten Menschen heute nicht mehr störungsfrei, da die Tätigkeit des Großhirns anstelle des Geistes an die erste Stelle gerückt ist. Der Verstand, der sich mittels der Großhirnrinde betätigt, sollte lediglich Werkzeug des Geistes sein, eine Brücke bilden zwischen Geist und Grobstofflichkeit. Bei rechter Tätigkeit resultiert daraus auch ein Verhalten, was als Vernunft bezeichnet wird. Der heutige Mensch aber ist sehr, sehr unvernünftig geworden!

Hinzu kommt, dass das Kleinhirn die überaus stark gewordenen Ausstrahlungen und Schwingungen des Großhirns während des Tagesbewusstseins von außen gleichzeitig mit den Eindrücken des Geistes von innen aufnimmt, wodurch ein Gemisch entsteht – wie bei einer fotografischen Platte, die

TEIL II

doppelt belichtet wird. Deshalb sind wir geistigen Eingebungen und Warnungen gegenüber, wie sie uns im Schlaf über die Brücke Solarplexus-Kleinhirn gegeben werden könnten, nicht mehr frei empfänglich. „Den Seinen gibt's der Herr im Schlafe ..."

Bei intakter Brücke arbeitet der Geist über die Empfindung an erster Stelle. Wie können wir den Geist in uns wieder zur Wirkung bringen?

Empfindungen sollten nicht mit Gefühl verwechselt werden!
Die Empfindung kommt aus dem Geistigen.
Die Empfindung, aus dem Geistigen empordrängend via Sonnengeflecht, erreicht unser Kleinhirn, stimuliert dann die rechte Gehirnhälfte, wo sie Gefühle und Emotionen hervorrufen kann, welche sich dann letztlich grobstofflich betätigen können.

Anders ist es mit denjenigen Gefühlen, die der Verstand erzeugt in Rückwirkung eigenen Denkens! Hier ist der Ablauf folgender:

Gedanken des Vorderhirns erzeugen Gefühle, die auf die Nerven des Körpers einwirken und wiederum rückwirkend im Vorderhirn Fantasiebilder hervorrufen können.
Fantasie sind also Bilder, die das Vorderhirn (Großhirn) erzeugt. Sie sind nicht zu vergleichen mit denjenigen Bildern, die das Kleinhirn unter dem Druck des Geistes über die Empfindung formt!

Die Brücke zwischen Geist und Verstand

Ein Beispiel: Sie denken an eine bestimmte Person, mit der Sie persönliche Schwierigkeiten verbinden. Das **Denken** an diese Person ruft bei Ihnen ein **Gefühl** von Aggression oder Wut hervor. Ihre körperlichen Nerven reagieren sofort, ihr Blutdruck steigt, ebenso steigt in Ihnen ein **Bild** empor, wie Sie dieser Person gehörig die Meinung sagen oder Sie sogar körperlich schädigen wollen ... Daraus kann später eine **Tat** entstehen.

Nehmen wir nun im Vergleich dazu das Beispiel einer Empfindung:

Diese kann von innen emporsteigen oder durch einen äußeren Auslöser. Ein äußerer Auslöser dafür kann wahre Kunst sein. Nehmen wir ein Gedicht von Joseph von Eichendorff.

Mondnacht:

„Es war, als hätt' der Himmel die Erde still geküsst, dass sie im Blütenschimmer von ihm nun träumen müsst.

Die Luft ging durch die Felder, die Ähren wogten sacht, es rauschten leis die Wälder, so sternklar war die Nacht.

Und meine Seele spannte weit ihre Flügel aus, flog durch die stillen Lande, als flöge sie nach Haus."

TEIL II

Eine Empfindung steigt in Ihnen auf, da wahre Kunst in Literatur, Musik und Malerei den Geist in uns anspricht!
Die Empfindung lässt nun das wunderbare Bild entstehen, welches der Dichter in seinen Worten über unsere Empfindung hervorzaubert ...
Daraus auftauchend kann uns ein körperliches Gefühl von Harmonie und Schönheit beglücken, welches dann wiederum den Gedanken auslösen kann, bald wieder einen erholsamen Spaziergang in der Natur zu machen ...

Empfindung-Gefühl-Gedanke ...

Wichtig ist zu lernen, Empfindung und Gefühl voneinander zu trennen, denn ihr Ursprung ist unterschiedlich!
Oft wird fälschlicherweise der Satz geäußert: „Hätte ich doch auf mein Gefühl gehört ..." Jedoch Gefühle können irreführend sein. Die Empfindung aber nicht!
Sie ist untrüglich und diese Empfindung gilt es wieder zu erwecken.
Das Gefühl kann dann ein Werkzeug der Empfindung sein.
Der Verstand wiederum sollte ein Werkzeug des Geistes sein, um grobstofflich das in die Tat umzusetzen, was das geistige Wollen über die Empfindung ausdrücken will.

Hier ist dann der Verstand in der richtigen Position an zweiter Stelle, der Geist führend und leitend an erster Stelle!

Das rein verstandesorientierte Wollen dagegen kommt aus der linken Großhirnhälfte.
Im extremsten Fall hat es sich dann auch noch abgekoppelt von der Tätigkeit der rechten Großhirnhälfte und damit auch

von den Gefühlen. Dann existiert nur noch die absolute Herrschaft des Verstandes, ohne jegliches Mitgefühl für das Wohl und Wehe des Nebenmenschen. Dafür gibt es erschreckende Beispiele in der Geschichte und die Entwürfe für die neue Weltordnung weisen hier ein deutliches Zeichen. Um deren Ziele durchzusetzen, sind Nichtachtung der Menschenwürde, fehlende Empathie und fehlendes Mitgefühl zwingend. Jedoch:

"Der Mensch der Zukunft wird normale Hirne haben, die sich gleichmäßig arbeitend dann gegenseitig harmonisch unterstützen. Das hintere Gehirn, das man das kleine nennt, weil es verkümmert ist, wird nun erstarken, weil es zu rechter Tätigkeit gelangt, bis es in richtigem Verhältnis zu dem vorderen Gehirne steht. Dann ist auch wieder Harmonie vorhanden, und das Verkrampfte, Ungesunde muss verschwinden!"[2]

Das ist Weg und Aufgabe, die jeder Einzelne für sich zu entscheiden und zu gehen hat, um das neue Bewusstsein hier auf Erden zu verankern.

Dann wird der Weg frei werden zur Entwicklung des durchgeistigten Vollmenschen mit all den wunderbaren Fähigkeiten, wie sie der Pharao beschreibt:

Wie berichtete der Pharao an seine Tochter?[3]

"Einst lebte eine Rasse auf Erden, die von den gegenwärtig auf Erden lebenden Menschenrassen sehr verschieden war. Sie offenbarte völlig das Gesetz des Geistes und nicht das Gesetz der Materie wie die heutigen Menschenrassen.

TEIL II

Das ganze Leben war auf Geistigkeit, auf Liebe und Selbstlosigkeit gegründet. Körperliche Begierden, Triebe und Leidenschaften beschatteten den Geist nicht. Die Angehörigen dieser hochstehenden Rasse besaßen alle Geheimnisse der Natur, und da sie auch ihre eigenen Kräfte vollkommen kannten und unter der Herrschaft ihres Geistes hielten, hatten sie auch die Fähigkeit, die Natur mit ihren gewaltigen Kräften zu beherrschen und zu lenken. Ihr Wissen war grenzenlos. Sie kannten auch das Geheimnis, wie sich eine Kraft in Materie verwandelt und umgekehrt, wie eine Materie zu Kraft wird. Sie hatten Einrichtungen und Werkzeuge konstruiert, mit welchen sie nicht nur alle Naturkräfte, sondern auch ihre eigenen geistigen Kräfte aufspeichern, in Bewegung setzen und nutzbringend verwenden konnten. Sie lebten friedlich und glücklich auf einem großen Teil der Erde als die herrschende Rasse."[3]

In diesem hoch entwickelten Bewusstseinszustand könnte rein theoretisch bereits heute die ganze Menschheit stehen, wenn der Niedergang in den reinen Materialismus nicht erfolgt wäre.

Doch heute schlägt die 12. Stunde des Menschheitsschicksals. Es gibt nur ein Entweder – oder!

Wir befinden uns in einer Situation, in welcher wir es in der Hand haben, die Weichen umzustellen für die Entwicklung eines zukünftigen Paradieses auf Erden, dem Beginn eines wahrhaft Goldenen Zeitalters, welches sich dann über den ganzen Globus verbreiten wird, oder wir katapultieren uns in eine überwältigende Katastrophe, deren Anzeichen flackernd und dämonisch am Horizont wetterleuchten.
Doch die Würfel sind bereits gefallen!

Harmagedon findet nicht statt

Harmagedon (Armageddon) findet **nicht** statt! Erinnern Sie sich meiner einführenden Worte? Ich wachte eines Nachts auf mit dem eigenartig formulierten Satz, der als Traumrest mit ins Tagesbewusstsein herüberschwappte.
„Bevor die Zukunft steht, müssen wir alles tun, um sie zu heben!"
So eine Formulierung würde man in der Alltagssprache nicht benützen, es würde eher heißen, *„… müssen wir alles tun, um sie zu ändern"*. Das hatte mich damals stutzig gemacht und diese Formulierung diente auch dazu, dass mir dieser Satz immer gegenwärtig war und ist.

Bedeutete es, dass es an uns liegt, wie die Zukunft sich gestaltet? Was ist hier zu heben bzw. anzuheben? Könnte es ein Anheben der Schwingung, eine Frequenzerhöhung bedeuten? Damit eine Anhebung des Bewusstseins? Ja, das macht Sinn. So wurde diese Frage mein Wanderstab auf der Suche nach Lösungen. Aus heutiger Sicht haben wir uns zur damaligen Zeit weltweit in einer sehr kritischen Phase befunden, die für die ganze Erde schicksalsträchtig war. Glücklicherweise hat diese Schwingungserhöhung auch tatsächlich stattgefunden!

Nach dem Maya-Kalender befinden wir uns in einem großen Welt-Zeit-Zyklus, der im Jahre 2012 mitsamt all seinen kleineren Zyklen zu Ende gegangen ist. Darüber ist viel geschrieben worden und ich habe es auch in meinem Buch „Mit deinen Händen heilen"[1] im letzten Kapitel „Evolutionssprung" ausführlicher erwähnt. In entsprechender Literatur[16] können Sie sich mit diesen Zeitzyklen näher beschäftigen.

TEIL II

Das Ende der Zeit? Weltuntergang? Harmagedon der Offenbarung? Das Potenzial dafür war da!

Wenn wir nach einer Inkarnation diese irdische Ebene verlassen und nach der Zeit des Überganges die Möglichkeit haben, die Geschicke der Erde und der Menschheit rück- und vorwärtsblickend zu überschauen, so haben wir, sofern wir nicht mit karmischen Verwicklungen zu einer Rückkehr gezwungen sind, die Möglichkeit einer freien Entscheidung, ob wir am weiteren Aufbau und beim Erwachen der Menschheit aktiv mitzuwirken bereit sind.

Viele der weltweiten Prophezeiungen für das Ende des letzten Jahrtausends sprachen vom Dritten Weltkrieg, von einem verheerenden Szenario, von einem wahrhaftigen „Weltuntergang". Sei es durch Kriege, durch Massenvernichtung, durch Katastrophen, durch Asteroiden ...

Dieses Potenzial war in den Neunzigerjahren bis zum Jahre 2000 absolut gegeben. Angesichts dieser bedrohlichen Präsenz, bei der gleichzeitig vorhandenen latenten Option, dieses Schicksal von der Erde abzuwenden, haben sich „Hilfsbereite jenseits des Schleiers" in einer großen Welle inkarniert, um zumindest die Möglichkeit zu nützen, noch eine wirkliche Wende herbeizuführen.

Schon zu Zeiten des Weltenlehrers Abdrushin, dem Autor des Buches „Im Lichte der Wahrheit", Gralsbotschaft, hatten sich viele Seelen inkarniert, um vorbereitend mitzuwirken am künftigen 1000-jährigen Friedensreich. In diesem weltenumspannenden Buch erklärt der Autor den Schöpfungsaufbau,

die kosmischen Gesetzmäßigkeiten und bringt Vergangenes und Zukünftiges ins Bewusstsein der Menschen.[2] Ein tiefgreifendes, bewegendes und aufrüttelndes Werk, welches schon am Beginn des 20. Jahrhunderts vor den heraufdämmernden Gefahren warnte und eindringlich einen Aufruf zur Umkehr ins Bewusstsein der Menschen brachte.
Jedoch die dunkle Seite hatte es wiederum geschafft, das Licht zu bekämpfen und ebenfalls fast zeitgleich ein künftiges 1000-jähriges Reich zu künden, jedoch keines in Frieden und Freiheit! Auch dafür gab es viele bereitwillige „Helfer", die dieser Macht zur Seite standen.

In Anbetracht dieses ganzen Szenarios gab es auf der geistigen und feinstofflichen Ebene eine ungeheure Bereitschaft und Anstrengung vieler Seelen, das irdische Blatt doch noch zu wenden.
Denn zukunftsüberblickend war die neue Weltordnung unter der Flagge der Unterjochung der gesamten Menschheit bereits als Gedankenprojekt existent und deren Fortschreiten auf der irdischen Ebene von Jahr zu Jahr grobstofflich immer deutlicher sichtbar.

Die ersten Inkarnationen dieser Freiwilligen setzten Anfang der Vierzigerjahre ein und in den nächsten Jahrzehnten zunehmend, was sich dann in der sog. New-Age-Bewegung immer sichtbarer auch nach außen manifestierte. Bald tauchte auch der Begriff „Lichtarbeiter" auf.

Durch die weltweite Vernetzung mittels der Computertechnologie und vielfältiger aufklärender Literatur (sei es bezüglich der Aufdeckung von Hintergrundwissen, was die sog.

TEIL II

Verschwörungstheorien betrifft, oder Entdeckungen bezüglich des Maya-Kalenders und immer mehr Hinweisen darauf, dass wir nicht allein sind im Universum) sickerte immer deutlicher ein Aufwachprozess in das Massenbewusstsein der Menschen, die dafür eine Antenne hatten!

Immer mehr „Lichtarbeiter" haben sich für eine Änderung unseres Bewusstseins aktiv eingesetzt durch Friedensaktionen via World Wide Web, durch lokale Vorträge, Seminare, Aufrufe, Filme, Bücher und unter ihnen gab und gibt es noch heute Menschen mit einer außerordentlichen Berufung, die sich an vorderste Front stellen und Zusammenhänge und Hintergrundwissen aufdecken mit einem Charisma, welches wirklich imstande ist, Unbegreifliches verständlich zu machen und dadurch bewusstseinserweckend zu wirken.

Viele unter ihnen wurden anfangs belächelt, später bekämpft und heute verehrt und geschätzt für ihren unglaublich hohen Einsatz!

All dies führte und führt langsam und stetig zu einer globalen Anhebung der Schwingung auf Erden.

„Bevor die Zukunft steht, müssen wir alles tun, um sie zu heben!"
Dieser Traumsatz aus dem Jahr 1996 ist für mich immer wieder der Schlüssel und die Bestätigung:

Wir haben die Zukunft verändert!

Wir haben 1999 (Nostradamus) und 2000 überlebt und viele Menschen werden zukünftig mit einer sich weiter erhöhenden Schwingung in das neue Bewusstsein eintreten!

Wir, die Menschen, haben zu dieser außergewöhnlichen Zeit des äußerst kritischen Übergangs viele Hilfen zur Seite. Dies bekannt zu machen und aktiv damit zu kooperieren, ist der nächste wichtige Schritt für jeden Einzelnen!

TEIL II

Ein Tag wird kommen

Die kosmischen Zyklen laufen wie ein Uhrwerk, das der Schöpfer einst ins Leben rief. Erwachten Geistern sind diese Zyklen bewusst und sie handeln gemäß den kosmischen Gesetzen. Um das Jahr 1987 hatte die Erde eine Schwingungsrate spiritueller Neutralität erreicht, in der die Zukunft eine von zwei Richtungen nehmen konnte. Sie konnte auf eine höhere Ebene, eine interdimensionale Ebene, gehoben werden oder sich in den alten Prophezeiungen von Untergang und Armageddon wälzen.

Hier möchte ich gerne die Worte einfügen, welche die Schriftstellerin Ingeborg Bachmann kurz vor ihrem Tode im Jahre 1973 während eines Interviews mit der ORF-Mitarbeiterin Gerda Haller gesprochen hat.[17]

„Man hat mich schon manchmal gefragt, warum ich einen Gedanken habe oder eine Vorstellung von einem utopischen Land, einer utopischen Welt, in der alles gut sein wird und in der wir alle gut sein werden. Darauf zu antworten, wenn man dauernd konfrontiert wird mit der Abscheulichkeit dieses Alltags, kann ein Paradox sein. Was wir haben, ist nichts, reich ist man, wenn man etwas hat, das mehr ist als alle materiellen Dinge. Und ich glaube nicht an diesen Materialismus, an diese Massengesellschaft, an diesen Kapitalismus, an diese Ungeheuerlichkeit, die hier stattfindet, an diese Bereicherung der Leute, die kein Recht haben, sich an uns zu bereichern. Ich glaube wirklich an etwas und das nenne ich ‚Ein Tag wird kommen'. Und eines Tages wird es kommen, ja, wahrscheinlich wird es nicht kommen, denn man hat es uns ja immer zerstört. Seit so vielen

tausend Jahren hat man es immer zerstört. Es wird nicht kommen, und trotzdem glaube ich daran, denn wenn ich nicht daran glauben kann, kann ich auch nicht mehr schreiben."

In visionärer Weitsicht, wie sie wahren Künstlern gegeben ist, hat Ingeborg Bachmann hier ihr Empfinden diesen beiden so konträren Welten gegenüber Ausdruck verliehen.
Auf der einen Seite der Zustand der Welt, geprägt von Materialismus, Ausbeutung und Zielrichtung neue Weltordnung, ein Würgegriff und Zustand, in dem die Erde seit Jahrtausenden gehalten wird, auf der anderen Seite die ideale Vorstellung für das Heraufdämmern eines utopischen Neulands von Frieden und Gerechtigkeit, Liebe, Klarheit und Wahrheit für alle!
Jetzt bereits können wir sagen: „Der Tag ist gekommen".
Die Wende ist eingeläutet, auch wenn es noch viel, ja sehr viel zu bewältigen gibt!
Der entscheidende Wendepunkt war um das Jahr 1987! Im Bewusstsein vieler Menschen im Diesseits und Jenseits fiel die Entscheidung zugunsten eines Aufstiegs der Erde und ihrer Bewohner.

Die Zeit für das vielfach prophezeite Armageddon (1999 bis 2001) kam und verging.
All dies hat insgesamt zu einer großen energetischen Verschiebung geführt. Wir haben uns in eine neue Energie hineinbewegt, weg von der alten Energie des auslaufenden Schwingungszyklus!
Hierbei war und ist es immer noch notwendig, die Dunkelheit auf diesem Planeten „beim Namen zu nennen" und damit zu entmachten, zu entlarven, zu enthüllen und zu

entkräften. Wie ich schon anfangs erwähnte, ist diesbezüglich ab dem kritischen Zeitpunkt schlagartig auch immer mehr aufschlussreiche Literatur auf den Markt gekommen.

Viele Wesen haben hier mitgeholfen! Nicht nur im Diesseits! Hat ein Menschengeist seinen vollen stofflichen Entwicklungszyklus erfolgreich durchlaufen, so kehrt er heim ins geistige Reich als geistig voll Erwachter.
Die sich unter dem geistigen Reich befindende Stofflichkeit kann nun die Ebene seines weiteren Wirkens sein.
Solche hoch entwickelten Wesen werden oft als „aufgestiegene Meister" bezeichnet, die sich der Aufgabe gewidmet haben, den noch nicht erwachten Menschen in ihrem Entwicklungsweg helfend zur Seite zu stehen, mitzuarbeiten am Aufstieg der gesamten Menschheit. Eine ungeheure, immense Arbeit, da dabei immer der freie Wille des Einzelnen zu berücksichtigen ist. Doch in unendlicher Liebe, Hingabe und Geduld arbeiten diese aufgestiegenen Meister hinter den Kulissen in Vorbereitung für die globalen Veränderungen gerade des jetzigen Zyklus, in dem wir uns bewegen.

Wissend, welche Gefahren drohen, ratend, informierend und führend nehmen sie Einfluss überall dort, wo sie eine Aufnahmebereitschaft spüren und wo sich Menschenseelen speziell dafür inkarniert haben, ihnen hilfreich auf irdischer Ebene entgegenzuwirken in Zusammenarbeit und gegenseitiger Förderung und Befruchtung.

Nach der großen Welle von inkarnierten Seelen nach dem 2. Weltkrieg, die sich der Höherentwicklung des Bewusstseins gewidmet hatten, kommen jetzt immer wieder Wellen von

Neuinkarnationen von Wesen, die bereits mit höheren Fähigkeiten und Eigenschaften geboren werden. So wurde viel berichtet über die sogenannten Indigokinder, die überall auf dem Planeten aufgetreten sind, und so gibt es jetzt Wellen von inkarnierten Seelen, den sogenannten Kristallkindern, die für Aufsehen und Staunen sorgen. Davon später.

Die Zusammenarbeit zwischen irdisch inkarnierten Seelen und aufgestiegenen Meistern wurde bald weltweit bekannt durch einen Begriff, den man „Channeling" nennt. Channel ist der englische Ausdruck für Kanal. Eine Person, die „channelt", stellt sich als Kanal für Wesen zur Verfügung, die nicht unmittelbar selbst auf der grobstofflichen Ebene wirken können, sondern dafür einen Mittler benötigen. Dieses weltweit immer zahlreicher und deutlicher auftretende Phänomen hängt damit zusammen, dass der Schleier zwischen den verschiedenen Schöpfungsebenen aufgrund der kosmischen Zyklen und der mannigfaltigen Veränderungen, welche nicht nur uns Menschen, sondern auch die Erde und das Sonnensystem insgesamt betreffen, immer dünner wird. Es gibt ja eigentlich kein Jenseits, denn alles ist ein einheitliches Sein. Lediglich unsere grobstofflichen Sinne sind nicht geeignet, jenseits dieser Sinne Eindrücke zu empfangen. Unsere feinstofflichen Sinne müssen erst erwachen, was in dieser Zeit der Auflockerung der Grobstofflichkeit im Bereich des zunehmend Möglichen liegt. Dennoch müssen auf der geistigen und feinstofflichen Ebene sehr viele Vorbereitungen getroffen werden, um so einen Informationsdurchfluss zu ermöglichen.

TEIL II

Da der Kampf zwischen Licht und Dunkelheit nicht nur auf der irdisch grobstofflichen Ebene stattfindet, sondern auch natürlich auf den astralen und feinstofflichen Ebenen, so ist es naheliegend, dass auch diese Kräfte vermehrt Einfluss zu nehmen versuchen und jede Möglichkeit nutzen, Verwirrung und Chaos zu kreieren.

Dies zu verstehen ist wichtig, da gerade auf dem Feld des „Channelings" unter Umständen Durchgaben stattfinden, die nicht aus der Quelle der Wahrheit kommen.

Auch hier gilt es natürlich, die innere Empfindung wachzurufen, die uns genau spüren lässt, wo Wahrheit und Echtheit vermittelt werden und wo nicht!

Aus diesem Grunde ist ja auch der Begriff „Esoterik" und alles, was damit in Zusammenhang steht, bei vielen Menschen negativ belastet.

Denn es gibt auch hier zwei Kräfte, die steuernd wirken, um Einfluss zu nehmen auf das Erwachen der Menschheit: Einfluss zu nehmen, um dieses Erwachen zu fördern.

Oder aber Einfluss zu nehmen, um dieses Erwachen durch geschickt getarnte Fehlinformationen zu unterbinden und in Misskredit zu bringen.

Eines der ersten bekanntesten Channel-Medien im klassischen Sinne war Edgar Cayce, der 1945 verstorben ist. Hier liegt die Betonung auf „Medium", denn Edgar Cayce war während der Durchgaben in einem Trance-Zustand.

Die neuzeitlichen Channeler unterscheiden sich weitgehend vom Zustand eines „Mediums", indem sie sich ihrerselbst bewusst bleiben, nicht in Trance fallen und ihr eigenes

Bewusstsein lediglich beiseite stellen, um Kanal zu sein für die mitgeteilten Botschaften. Dies ist ein großer Unterschied. Sie haben die Fähigkeit der grobstofflich irdischen Übersetzung in ihre jeweilige eigene Landessprache, was natürlich eine gewisse Intelligenz und einen möglichst großen Wortschatz voraussetzt, um die feinstofflich empfangene Botschaft sinngemäß in das Kleid irdischer Worte zu transferieren. Ihre feinstofflichen Instrumente des Empfangens sind fein ausgerichtet, um dann über das grobstoffliche Werkzeug des Großhirns diese Umsetzung zu bewerkstelligen. Dass dies nicht nur in einem Leben erworben werden kann, ist naheliegend. Personen, die aufgestiegene Meister und hoch entwickelte Wesenheiten channeln, sind meistens durch mehrere Inkarnationen hindurch auf diese Aufgabe vorbeitet worden.

Zwei Gruppen, die auf so einer Zusammenarbeit zwischen aufgestiegenen Meistern und menschlichen Wesen aufbauen, darf ich hier stellvertretend erwähnen:

- die Gruppe Shaumbra vom Crimscon circle
- die Gruppe um Kryon,

Es gibt noch viele andere bemerkenswerte Gruppierungen, die ich hier nicht weiter aufzählen möchte, da dies zu viel Raum beanspruchen würde. Es geht um die gemeinsame Gesamtbotschaft, die bei allen dieselbe Zielsetzung hat:
die dafür offenen Menschenseelen aufzufordern, bei sich selbst mit dem Aufstieg zu beginnen, sich bewusst einzustimmen auf die neue Energie und das neue Bewusstsein, was gleichzeitig bedeutet, die Ebene der Dualität bewusstseinsmäßig zu transformieren und damit Wegbereiter zu werden

für alle diejenigen Menschen, die erst zu einem späteren Zeitpunkt zum Erwachen bereit sind. Diese „Nachzügler" haben es dann bereits leichter, da schon viel Vorarbeit durch die ersten Pioniere geleistet wurde. Es ist wie beim Pfadschlagen in einem Dschungel. Die Ersten bewegen sich auf Neuland durch all die Schwierigkeiten und Hindernisse hindurch, welche für die Nachfolgenden dann nicht mehr so schwierig zu bewältigen sind.

Crimson circle und Shaumbra

Geoffrey Hoppe

Geoffrey Hoppe, auch bekannt als „Cauldre", in Golden, Colorado, USA, ist Kanal für die Durchgaben von Tobias, einem aufgestiegenen Meister, namentlich bekannt durch eine Inkarnation, die im Alten Testament erwähnt ist.
Die Geschichte von Tobias aus dem biblischen „Buch Tobit" (aus den Apokryphen) kann auf der Crimson Circle Webseite eingesehen werden.[18] Auf der deutschen Webseite können die Texte in deutscher Übersetzung nachgelesen werden.[19] Die

Ein Tag wird kommen

Tobias-Materialien werden seit August 1999 – dem Zeitpunkt, von dem Tobias sagte, dass ab da die Menschheit das Potenzial der Zerstörung hinter sich gelassen habe und nun dabei sei, in die neue Energie hineinzugehen – Lichtarbeitern und Shaumbra auf der ganzen Welt frei angeboten. Shaumbra ist ein Begriff, den Tobias selbst geprägt hat. Er steht für Menschen, die sich für ein Leben in der neuen Energie öffnen und die bereit sind, sich diesem Aufstiegsprozess in ein neues Bewusstsein mit ganzem Herzen zu widmen. Shaumbra ist keine Sekte und keine feste Gruppe, zu der es irgendeine Mitgliedschaft gäbe. Nachdem Tobias 2009 wieder in eine irdische Inkarnation eingetreten ist, erfolgen seither die Durchgaben von Saint Germain, eine Persönlichkeit die aus der Historie sehr bekannt ist und der sich in dieser Tätigkeit für den Crimson Circle auch den Namen Adamus gewählt hat.

Kryon durch Lee Carroll

Lee Carroll lebt in San Diego, USA, und ist Kanal für Kryon.[20]

TEIL II

Wenn wir bedenken, dass energetische Veränderungen auf Weltenkörpern bestimmten Gesetzmäßigkeiten unterliegen, so müssen die Vorbereitungen und Durchführungen bestimmter Veränderungen ja von bewussten Wesen eingeleitet werden. Es ist wie in der Grobstofflichkeit, Landschaftsveränderungen z. B. werden geplant, organisiert, überdacht und dann von dafür bestimmten Kräften in die Tat umgesetzt. Genauso ist es in den höheren Bereichen der Stofflichkeit. Energetische Veränderungen und Umwälzungen können und müssen von dafür bestimmten Wesenheiten gelenkt und ausgeführt werden. Überall im Universum ist Bewusstsein, welches schöpferisch tätig ist.

Über diese mannigfaltigen Veränderungen berichtet Kryon in seinen Botschaften und gibt gleichzeitig Hinweise für die Menschen, wie sie sich den neuen Energien anpassen können, wie sich diese Energien mittels Magnetismus, auch über die DNS, in unserem Körper auswirken, und er bringt sehr viele wissenschaftliche Hintergründe und Zusammenhänge, die äußerst faszinierend sind.

Die Galaktische Föderation

Die Galaktische Föderation ist eine Vereinigung von Rassen verschiedener Planeten aus verschiedenen Sternensystemen, deren Ziele und Aufgaben vergleichbar sind mit dem der Vereinten Nationen auf unserem Planeten.

Die wichtigsten Aufgaben der Vereinten Nationen sind die Sicherung des Weltfriedens, die Einhaltung des Völkerrechts, der Schutz der Menschenrechte und die Förderung der internationalen Zusammenarbeit.

Die Galaktische Föderation hat ähnliche Ziele. Sicherung eines galaktischen Friedens, Einhaltung der Völkerrechte der jeweiligen Rassen und ihrer bewohnten Planeten, Schutz der Willensfreiheit und Förderung der intergalaktischen Zusammenarbeit.

Ich möchte hier nochmals die erhellenden Worte des Pharao zitieren bezüglich einer damaligen hochstehenden Menschenrasse aus dem Buche: „Die Einweihung" von Elisabeth Haich:

„... Die Angehörigen dieser hochstehenden Rasse besaßen alle Geheimnisse der Natur, und da sie auch ihre eigenen Kräfte vollkommen kannten und unter der Herrschaft ihres Geistes hielten, hatten sie auch die Fähigkeit, die Natur mit ihren gewaltigen Kräften zu beherrschen und zu lenken. Ihr Wissen war grenzenlos. Sie kannten auch das Geheimnis, wie sich eine Kraft in Materie verwandelt und umgekehrt, wie eine Materie zu Kraft wird. Sie hatten Einrichtungen und Werkzeuge konstruiert, mit welchen sie

nicht nur alle Naturkräfte, sondern auch ihre eigenen geistigen Kräfte aufspeichern, in Bewegung setzen und nutzbringend verwenden konnten.

In dieser Art Bewusstsein leben offensichtlich auch diese geistig hochstehenden Raumbrüder der Galaktischen Föderation. Und aus diesem Bewusstseinszustand oberhalb und außerhalb der Stofflichkeit sind sie auch fähig, auf Materie, Zeit und Raum einzuwirken, was zu den für uns noch unbegreiflichen Phänomenen führt, die in Bezug auf unser jetziges Bewusstsein und unser jetziges Wissen für uns kaum vorstellbar sind.

Doch es ist erforderlich für uns Erdenbürger, langsam hineinzuwachsen in ein galaktisches Bewusstsein und in ein geistiges Erwachen, was das eigentliche Ziel des Menschen in der Stofflichkeit ist!

Dies ist ein Quantensprung ungeheuren Ausmaßes und für viele Menschen sicher eine sehr große Herausforderung!
Jedoch in weniger als 50 Jahren werden wir die Tatsache der Besucher aus dem All als allgemein gültig akzeptieren können. Blicken wir vergleichsweise zurück in die Vergangenheit:

Stellen wir uns vor, wie es früher auf Erden war. Das Bewusstsein war an die jeweilige Lokalität des Stammes oder des Volkes gebunden. Also sehr begrenzt. **Ein lokales Bewusstsein.** Erst durch Entdeckung über Land und Meer hat sich das Bewusstsein sowohl über die Erde als auch über deren Bewohner langsam und sicher immer mehr erweitert.

Die Galaktische Förderation

Nicht nur die Tatsache von anderen Kontinenten, anderen Kulturen, anderen Sprachen, sondern vor allem auch von anderem Aussehen! Sei es in Größe, Farbe, Verhalten, Kleidung, Tradition, Weltanschauung ...

Wir sind hineingewachsen in **ein planetares Bewusstsein.**

Es mag vereinzelt auf unserer Erde noch kleine Stämme geben, die noch nie Kontakt hatten mit der sog. Zivilisation. Stellen Sie sich einen Pygmäenstamm vor. Wie fremdartig müssen auf diese die ersten Ausländer gewirkt haben. Naheliegend waren es in ihren Augen vielleicht Götter von anderen Sternen. Jedenfalls als solche wurden die spanischen Eroberer von den Eingeborenen in Südamerika begrüßt!

In einer ähnlichen Situation stehen wir heute mit unserem Alltagsbewusstsein gegenüber diesen hochentwickelten galaktischen Besuchern. Diese Gedanken weitertragend werden wir eines Tages ähnliche Eindrücke auf unseren interstellaren Reisen und bei Besuchen auf anderen Planeten und deren Bewohnern haben. Es ist deshalb notwendig, sich j e t z t mit diesen „galaktischen Gedanken" auseinanderzusetzen, damit der Schock, wenn es soweit ist, dass die Enthüllungen weltweit bekannt werden, nicht zu groß ist!

Der nächste Schritt ist also vom planetaren Bewusstsein hin zu einem **galaktischen Bewusstsein!**

Wir werden entdecken, dass – wie auf Erden – es dort auch verschiedene Rassen gibt, die sich in ihrem Aussehen unterscheiden, jedoch immer die Grundmerkmale der menschlichen Spezies aufweisen.

TEIL II

Bleiben Sie einfach offen, Bewusstsein hat immer mit Ausdehnung zu tun. Wir sind heute in der glücklichen Position, an der Grenze zu einem Quantensprung nie gewesenen Ausmaßes zu stehen, welcher vom Verstand allein nicht bewältigt werden kann.

Begrenzen Sie Ihren Verstand nicht mit alten Regeln, Paradigmen, Meinungen, Glaubensvorstellungen, Überzeugungen ... Bleiben Sie offen und versuchen Sie, den Geist in sich zu erwecken:

Der Geist will loslassen, will auf höhere Gesetzmäßigkeit vertrauen, will sich hingeben, will frei und flexibel sein. Um in das galaktische Bewusstsein hineinzuwachsen, ist dabei die Vorstellung von Multidimensionalität von außerordentlicher Bedeutung. Die Erkenntnisse der Quantenphysik bauen uns eine Brücke dazu.

Es geht auch um die Fähigkeit, über die gewohnten fünf Sinne hinaus zu sehen, zu empfinden, zu fühlen, zu ahnen und zu erschaffen.

Wenn der Geist anfängt, seinen ihm bestimmten Platz wieder einzunehmen, kommt der Verstand anfangs in Verwirrung. Dann betreten wir die schwankende Brücke der Unsicherheit, des Nichtwissens wohin und wozu. Denn der Verstand möchte Sicherheit, Stabilität, Kontrolle. Immer wieder stehen wir infolgedessen bei diesem Übergang zwischen zwei Ufern und verlieren die Sicherheit eines bisher gewohnten Untergrundes.

Die Galaktische Förderation

Der Körper reagiert aufgrund dessen mit physischem Ungleichgewicht, das Gefühl reagiert mit Störungen der Harmonie, die Gedanken martern das Gehirn im vergeblichen Suchen nach Erklärungen für neu auftretende, unerklärliche Phänomene. Eine schwierige, eine fragile Zeit. Wenn der Verstand in diesen zeitweise verwirrten Zustand gerät, ist er oft kaum mehr fähig, die kleinen Dinge des Alltags zu bewältigen. Und doch müssen diese erledigt werden. Das kann etwas ganz Einfaches sein. Reservierungen für eine Reise, Unsicherheiten im Umgang mit anderen Menschen, sei es beruflich oder privat, finanzielle Abwicklungen und vieles mehr.

Je öfter wir jedoch die Gesetze des Geistes aktivieren, je öfter wir im Vertrauen auf diese Gesetzmäßigkeiten wunderbare Erlebnisse haben werden, desto öfter erfahren wir eine vollkommen neue Sicherheit und die schwankende Brücke über einem beängstigenden Abgrund wird zunehmend stabiler. Dann können großartige Synchronismen in Erscheinung treten und es entsteht eine völlig neue Sicherheit und große Schönheit.

Wunderbare „Zufälle" können auftreten, die uns anfangs ganz banal erscheinen. Die Dinge fügen sich plötzlich von ganz allein. Und je öfter diese wunderbaren Erfahrungen Gestalt annehmen, desto mehr nähern wir uns auf der Brücke zwischen Verstand und Geist der anderen Seite und ein neues Bewusst sein dämmert am Horizont!

TEIL II

Dort sind dann auch persönliche Begegnungen und telepathischer Austausch möglich. Wie diese ja auch schon stattgefunden haben zwischen geistig offenen Menschen und diesen außerirdischen Lebensformen, die einer hoch entwickelten menschlichen Rasse angehören.
Diese hoch entwickelten Wesen auf anderen Planeten wissen um die kritische Situation, in welcher sich der Planet Erde befindet! Und sie wissen auch, dass ein nochmaliger Kataklysmus wie zu Zeiten von Atlantis schlimme Auswirkungen nicht nur auf Erden, sondern auch im Sonnensystem und letztlich für unsere Galaxie mit sich bringen würde.

Es finden sich zwar zunehmend Hinweise darauf, dass die Erde schon immer von Raumbrüdern besucht wurde, jedoch ab der Mitte des letzten Jahrhunderts in stark erhöhtem Maße.

Nun gibt es bei dem Thema „Außerirdische" oft die unglaublichsten Fantasien. Was hat man nicht alles über Marsmenschen geschrieben. Es werden Kreaturen geschildert, die tatsächlich einer kranken Fantasie entspringen, basierend auf der Vorstellung, dass die Menschen dort ganz anders gestaltet sein müssten als hier auf der Erde, weil der Mars ein anderer Planet ist ...

„Es ist jedoch kein Grund vorhanden, sich etwas anders zu denken in der Schöpfung, nur weil es von der Erde entfernter sich befindet oder mit grobstofflichen Augen nicht wahrzunehmen ist. Die Schöpfung ist aus einheitlichen Gesetzen entstanden, ist ebenso einheitlich in ihrer Entwickelung und wird auch ebenso einheitlich erhalten.

Jeder Mensch der Nachschöpfung ist ein Abbild der urgeschaffenen Ebenbilder Gottes. In der ganzen Schöpfung tragen die Menschen deshalb nur die eine ihnen als Mensch bestimmte Form, mehr oder weniger veredelt. Aber die Form an sich ist immer zu erkennen ... Was nicht die Menschenform trägt, ist auch kein Mensch zu nennen. Es sind in der mittleren und feinen Grobstofflichkeit der dunkleren und dunklen Ebenen fantastische Formen mit Menschengesichtern zu finden, die Tieren gleichen, welche immer den Arten entsprechen, in denen ein Menschengeist gedacht und gehandelt hat auf Erden, aber diese Formen sind meistens nur durch Menschendenken gezeugt. Sie tragen zeitweise das Gesicht des Menschen, der sie erzeugte, weil sie als seine Gedankenkinder von ihm stammen.

Und wenn ein Mensch selbst so geworden ist, dass er in Hass oder in Neid und anderen üblen Leidenschaften förmlich aufgeht, so geschieht es ihm, dass sich außerhalb der Erdenschwere um seinen Geist ein derartiger Körper formt. Damit ist er aber dann auch jedes Anrechtes auf Menschsein verlustig gegangen, wodurch er auch keine Ähnlichkeit mehr haben darf noch kann mit der Form der Abbilder der Ebenbilder Gottes. Er ist dann auch in Wirklichkeit kein Mensch mehr, sondern zu etwas herabgesunken, das den Erdenmenschen noch nicht bekannt ist und deshalb von ihnen auch noch nicht mit Namen bezeichnet werden konnte."[2]

Wenn in der Literatur hier und da von Wesen gesprochen wird, die kein menschliches Aussehen besitzen, oder die hinter ihrem menschlichen Aussehen einen derartigen wie oben beschriebenen feinstofflichen Körper aufweisen, der zeitweise für Menschen sichtbar sein kann, die ihr eigenes feinstoffliches Auge geöffnet haben, so ist es wichtig, uns darüber klar zu sein, welche Gründe dafür infrage kommen.

TEIL II

Da wir uns in einen Zeitzyklus hineinbewegen, in welchem die Stofflichkeit beginnt sich höher zu schwingen und in ihrer Dichtigkeit gelockert wird, wird auch der Schleier zwischen den einzelnen Ebenen, angefangen bei der mittleren und feinen Stofflichkeit, immer zarter. Aufgrund dessen gibt es weltweit zunehmend Sichtungen von Erscheinungen und Phänomene, die uns bisher unbekannt waren. Auch unsere eigene Aufnahmebereitschaft für solche Phänomene erfährt zunehmende Sensibilisierung, da auch unser Körper in diese höheren Schwingungen versetzt wird, was mannigfaltige psychische und körperliche Veränderungen mit sich bringt.

Wenn wir davon ausgehen, dass wirkliche gesetzmäßige Höherentwicklung nur dann gegeben ist, wenn die geistigen Bewusstseinskräfte und die geistige Reife parallel zur Beherrschung der Stofflichkeit zunehmen, so dürfen wir dies jedoch nicht verwechseln mit einer ins Maßlose hochgeschraubten Verstandestätigkeit, deren höchste Blüten im rein technologischen Fortschritt sichtbar werden. Sobald dieser technologische Fortschritt immense Höhen erklommen hat, besteht ohne gleichzeitige geistige Weiterentwicklung an einem bestimmten Punkt eine enorme Gefahr der Zerstörung und Unkontrollierbarkeit.

Stellen wir uns ein Zukunftsszenario vor, in dem die Kräfte von Kontrolle, Manipulation und Unterdrückung weltweit sieghaft sind, gleichzeitig in ihrem technologischen Fortschritt kontinuierlich weiterwachsen, dann kann dies schnell ein Szenario geben wie zu Zeiten des Untergangs von Atlantis.

Die Galaktische Förderation

So ist es vorstellbar, dass außerirdische Wesen auch außerhalb unseres Sonnensystems unter Umständen an diesem Punkt gescheitert sind und ihre geistige Entwicklung unberücksichtigt blieb. Wenn man kontinuierlich und ernsthaft vielen Berichten zufolge Nachforschungen treibt, so ergibt sich ein Bild, das laut vieler Zeugenaussagen immer deutlichere Konturen annimmt. Es begann (wie im Vortrag von Paul Hellyer erwähnt, siehe Anhang!) mit dem Absturz außerirdischer Flugobjekte in Roswell 1947.

Im Juli 1947 teilte die US-Luftwaffe in einer offiziellen Pressemeldung mit, dass sie eine „Fliegende Untertasse" geborgen habe. Später zog man die Meldung zurück und behauptete, es sei nur ein Wetterballon gewesen. Dem widerspricht einer der letzten lebenden Augenzeugen von Roswell: Im Exklusiv-Interview mit Exopolitik-Koordinator Robert Fleischer berichtet Dr. Jesse Marcel jr. über die Trümmerteile des UFO, die er selbst in den Händen hielt. Er ist sicher: Diese stammten nicht von der Erde.

Diese Aussagen von Dr. Jesse Marcel jr. können Sie anhören (englisch) oder in deutscher Übersetzung lesen.[21]
In der Folge gab es Kontakt zwischen außerirdischen Besuchern und dem amerikanischen Militär. Jedoch waren die Kontakte von verschiedenen Sternensystemen. Einerseits Wesen, die zwar die hochtechnologischen Entwicklungen hatten, die weit über unserem damaligen Wissensstand waren, die jedoch in gewissen Schwierigkeiten steckten, da sie selbst in einer Stagnation ihrer Entwicklung gefangen waren, wo sie keine Möglichkeit mehr hatten, an ihr

TEIL II

eigenes geistiges Potenzial anzuknüpfen, da sie in ihrer Weise in der Vergangenheit sich abgekoppelt hatten vom geistigen Ursprung und damit letztlich auch von ihren Gefühlen und Empfindungen.

Eine Entwicklung, die als Potenzial sich auch in der menschlichen Entwicklung zeigt, wenn, wie durch den „Sündenfall" angedeutet, nur noch das Verstandeswissen zur Oberherrschaft gelangt. Der menschliche Verstand wird dann das „Untier", von dem die Bibel berichtet, dass es anfangs freundlich und willig ist, sobald es wie ein häusliches Tier gezähmt dem Willen des „Besitzers" gehorcht, welches jedoch zu einer großen und unvorstellbaren Gefahr wird, sobald es eine Oberherrschaft erlangt und vom Diener zum Herrn sich emporschwingt.

Jede menschliche Entwicklung, ob auf Erden oder in anderen Weltenteilen, hat seinen Ursprung im Geistigen und sammelt dann Erfahrung in den verschiedenen Dichten der Stofflichkeiten.

„Der äußerste Punkt seiner Entwickelung, der, als vom Lichte am weitesten entfernt, auch der Punkt ist, wo der Geist unter dem Drucke der schwersten, dichtesten Hülle sein eigenes Wollen in größter Stärke entfalten muss und damit auch zum Glühen kommen kann und soll, um dann wieder emporsteigen zu können, näher zum Licht, ist in Ephesus die Grobstofflichkeit dieser Erde."[2]

In der Offenbarung des Johannes wird in Kapitel 2 und 3 von den sieben „Weltenteilen" Ephesus, Smyrna, Pergamus, Thyatira, Sardes, Philadelphia und Laodizea gesprochen.

Die Galaktische Förderation

Diese sind nicht örtlich als irdische Gemeinden zu verstehen, sondern sind gleichnishaft und sinnbildlich gemeint. Unsere Erde ist dem Weltenteil Ephesus zugehörig. Von dem Weltenteil „Sardes" heißt es, dass viele auf ihm ihre Kleider nicht reingewaschen haben. Das bedeutet, dass ihre feinstofflichen Körper belastet sind und so die Gefahr eingehen, den zweiten Tod zu erleiden ...

Wenn die Entwicklung in einem Weltenteil dazu geführt hat, dass eine Rückkoppelung an die geistige Quelle nicht mehr möglich ist, ist es naheliegend, dass nach Lösungen gesucht wird, die vom Verstand her dirigiert werden. Versuche wie Genmanipulation zum Zwecke einer Weiter- oder Höherentwicklung sind hier durchaus denkbar, wenngleich aus geistiger Sicht falsch und von vornherein zum Scheitern verurteilt. Aus diesem Gesichtspunkt heraus können wir in etwa verstehen, wie es zu einem „Deal" kam zwischen dieser Art „Ausserirdischer" in Bezug auf ein gegenseitiges Abkommen, welches beinhaltete, dass diese bereit waren, ihre hochstehenden Technologien freizugeben zugunsten verschiedener Zugeständnisse vonseiten der amerikanischen Verbündeten, was die Forderungen dieser Wesen betraf.

Auf der anderen Seite gab es aber auch Kontakte mit geistig hoch entwickelten Ausserirdischen, die anboten, bei der fälligen Bewusstseinsanhebung und Weiterentwicklung der Menschheit behilflich zu sein, die jedoch nicht bereit waren, dafür ihr technologisches Wissen zum damaligen Zeitpunkt weiterzugeben, da nach ihren Aussagen das vorherrschende Bewusstsein der Menschen diesem Anspruch noch n i c h t genügte und die verfrühte Weitergabe eine Gefahr für die

TEIL II

Menschheit wäre, wenn die Benützung dieser Technologien nicht gekoppelt sei an ein geistig entsprechendes Bewusstsein.

An welchen Angeboten hat das Militär wohl größeres Interesse gehabt? Die Antwort liegt auf der Hand. In der Folge hat man dann – wie Dr. Greer und seine Zeugen im Disclosure Projekt[12] erwähnten – im Geheimen diese Technologien weiterentwickelt, damit experimentiert, sie zum Machteinsatz missbraucht und die allgemeine Bevölkerung im Glauben gelassen, alles „Außerirdische" entspringe lebhafter Fantasie. Der zweite Schritt war dann das Erzeugen von Angst mit all den technologischen Szenarien, wie sie Wernher von Braun, der offensichtlich Zugang zu geheimen Dokumenten hatte und in Kontakt stand mit Personen, die mit diesem Szenario auf Tuchfühlung standen, gegenüber Frau Dr. Rosin angedeutet hat. (siehe Anhang!)

Nachdem bestimmte Gruppen aus dieser „Schattenwelt" kein Interesse daran hatten und haben, dass sich das Bewusstsein der Menschen, ihr wirkliches Potenzial und ihre geistige Freiheit weiterentwickeln, galt es, zukünftig alle diejenigen „Besucher" aus dem Kosmos fernzuhalten, die dieser Höherentwicklung der Menschheit hilfreich zur Seite stehen wollten. Eine Menschheit, die zu ihrem geistigen Potenzial erwacht, kann nicht mehr manipuliert, hypnotisiert und gesteuert werden und würde damit nicht mehr den dunklen Machenschaften einer „Weltregierung" im Sinne der „neuen Weltordnung" gefügig sein. Diese Gruppe ist interessiert an „glücklichen" Sklaven, nicht an freien Menschen.

Die Galaktische Förderation

Jetzt haben Sie das gesamte Szenario, welches für das Verständnis der zukünftigen Enthüllungen, die sicher in den nächsten Jahren bekannt werden dürften, von großer Wichtigkeit ist. Dieses Gesamtbild Ihnen ansatzweise zu übermitteln, war und ist mir insofern ein Anliegen, als Sie jetzt in der Lage sind, sich selbst ein Urteil zu bilden, und nicht in Verwirrung geraten, wenn über diese Fakten in kommender Zeit der Schleier der Geheimhaltung weggezogen wird.

Wenden wir uns nun denjenigen galaktischen Besuchern zu, die geistig hoch entwickelte Wesen und Repräsentanten dafür sind, wohin die Entwicklung der Menschheit einst gehen wird. Die Entwicklung zum geistig voll erwachten Menschen in dem Sinne, wie der Pharao diese in wunderbaren Worten beschreibt:

„Die Menschen leben in ihrem Bewusstsein in Zeit und Raum. Wir, obwohl auch in einem irdischen Körper, genießen die vollkommene geistige Freiheit, Zeit- und Raumlosigkeit. Mit der Kraft des göttlichen Bewusstseins, mithilfe dieser Gehirnzentren können wir uns in der Zeit und im Raum frei bewegen. Das heißt, dass wir unser Bewusstsein nach Belieben in die Vergangenheit oder in die Zukunft umschalten können. Wir können Vergangenheit oder Zukunft in diesem Zustand als Gegenwart erleben. Und genauso ungehindert können wir uns vom Hindernis des Raumes befreien und unser Bewusstsein örtlich dahin versetzen, wohin wir wollen. In diesem Zustand gibt es kein ‚Hier‘ und kein ‚Dort‘, sondern nur Allgegenwart! Denn Vergangenheit und Zukunft – Hier und Dort – sind nur verschiedene Aspekte, verschiedene Projektionen der einen einzigen Wirklichkeit, des ewigen, allgegenwärtigen Seins!"[3]

TEIL II

Die geistig uns jetzt noch meilenweit überragenden galaktischen Besucher haben keinesfalls die Absicht, die Menschen der Erde und die Erde selbst zu „vereinnahmen". Welchem Zweck dienen dann ihre Besuche? Sie wissen um die kosmischen Zyklen und die kosmischen Gesetze und wissen natürlich um die enorme Energieverschiebung, in die sich die Erde und ihre Bewohner hineinbewegen.

Die Erde kommt jetzt an den Punkt, an dem sie abweicht von der bisherigen Bahn, was sich auch grobstofflich fühlbar macht. Die vielen energetischen Veränderungen, die damit in Zusammenhang stehen, können von ihnen mit ihren hochstehenden Fähigkeiten unterstützt werden und dort, wo die Ausmaße der damit in Zusammenhang stehenden Erdveränderungen zu gewaltig wären, haben sie die Möglichkeit, diese dahingehend zu beeinflussen, dass der Schaden so geringfügig wie möglich ist.

Eine offizielle Bekanntmachung dieser uns hilfreich zur Seite stehenden Brüder und Schwestern aus dem All wurde unter der damaligen Regierung von Dwight D. Eisenhower vom amerikanischen Militär abgelehnt, ebenso wie die Tatsache, dass man mit „der anderen Gruppe" Vereinbarungen getroffen hatte, die den eigenen Interessen konform waren.
Damals kam es zu dem, was man später als militärisch-industriellen Komplex benannte.

Der Begriff militärisch-industrieller Komplex wird in gesellschaftskritischen Analysen verwendet. Autoren, die vor dem Entstehen eines militärisch-industriellen Komplexes warnen, gehen davon aus, dass es in privatwirtschaftlich organisierten Gesellschaften leicht zu unheilsamen Bündelungen der Interessen von Politikern, Vertretern des Militärs und Vertretern der Rüstungsindustrie kommen kann.[22]

Präsident Eisenhower, offensichtlich auch mit den Hintergründen dieser geheimen Abkommen vertraut, hatte dies wohl erkannt und in seiner Abschiedsrede 1961 eindringlich vor den Gefahren gewarnt, die ein einflussreicher, militärisch-industrieller-Komplex für die USA in Zukunft mit sich bringen würde.

Er hatte ja auch die Gründung der NASA initiiert, der zivilen US-Bundesbehörde für Luft- und Raumfahrt. Diese hatte ursprünglich die Vision, „das Leben hier zu verbessern, das Leben nach draußen auszudehnen und Leben da draußen zu finden". Daraus ergab sich die Mission, *„unseren Heimatplaneten zu verstehen und zu schützen, das Universum zu erforschen und nach Leben zu suchen und die nächste Generation von Forschern zu begeistern"*.

Bemerkenswerterweise ist jedoch die Trennung des Zivilen zum Militärischen im Bereich der Luftfahrtforschung in den USA nicht vollständig, weil die NASA sowohl für die zivile wie auch die militärische Grundlagenforschung in der Luftfahrt zuständig ist!

Im Februar 2006 strich die NASA den **Schutz der Erde** aus ihrem ursprünglichen Statement, um es dem verkündeten Raumflugprogramm des damaligen Präsidenten Bush anzugleichen.

TEIL II

Das hieß, dass die finanzielle Unterstützung nicht mehr dem Schutz der Erde (Klimaveränderung etc.) diente, sondern andere Prioritäten gesetzt wurden. Darüber berichtete die New York Times ausführlich am 22. Juli 2006.[25] Fällt Ihnen hier etwas auf?

Unseren galaktischen Besuchern, deren Absicht es war, der Erde und den Menschen in dieser kritischen Phase des Übergangs in einen neuen Evolutionszyklus zur Seite zu stehen, blieb aufgrund der offiziellen Ablehnung für eine Hilfestellung nur die Möglichkeit, sich an einzelne Menschen zu wenden, die die Fähigkeit, „Channeler" (Kanal) zu sein, entwickelt hatten.

Über diese Kanäle sickerte nun langsam immer mehr Hintergrundwissen ein über den Zustand der Erde und gleichzeitige Aufklärung auch über die Pläne der sog. neuen Weltordnung unter der Oberherrschaft von Eliten, die nicht dem Wohl des Ganzen dienen.

Auch wird uns mitgeteilt, dass im Bereich der „Schattenregierung" und der von ihnen besetzten Organisationen immer mehr Persönlichkeiten sich ihres ungerechten Tuns bewusst werden und zunehmend Überblick bekommen über die jeweils größeren Pläne, von denen die Einzelnen oft in ihren eigenen Programmen nur einen kleinen Teilausschnitt zu sehen bekommen.

Das Kräfteverhältnis zwischen Licht und Dunkel eskaliert in zunehmender Spannung und steht auf jeder Seite immer größeren Herausforderungen gegenüber. Denn wir müssen davon ausgehen, dass die Vorbereitungen für einen Sturz der alten Machtstrukturen für diese galaktischen Helfer natürlich auch dem kosmischen Gesetz unterliegen, die Willensfreiheit des Menschen zu respektieren.

Dieses Szenario voraussehend haben sich in den letzten Jahren auch immer mehr Seelen aus anderen Weltenteilen auf Erden inkarniert, um hier beim Übergang in ein neues Bewusstsein hilfreich mitzuwirken. Ihre Aufgabe ist es, durch ihr Beispiel und ihr Anderssein Aufmerksamkeit zu erregen und vorbereitend zu wirken für das Bewusstsein, dass wir im Kosmos nicht alleine sind und demzufolge in ein **galaktisches Bewusstsein** hineinwachsen müssen und werden.

TEIL II

Sternensaaten

Nicht jede Seele, die auf Erden inkarniert, ist ein „Erdenbürger". Es gibt Seelen von anderen Planeten, Sternensystemen oder Galaxien, von diesem oder einem anderen Universum. Auch Seelen aus der geistigen Welt, die ihren Evolutionszyklus in der Stofflichkeit bereits erfolgreich durchlaufen haben. Sie alle sind hier in die irdische Ebene eingetaucht, um dem Planeten Erde beim Aufstieg in die nächste Dimension beizustehen. Sie werden allgemein als „Sternensaaten" bezeichnet. Sie haben eine spezifische kristalline Struktur in ihrer DNA (Erbgut) verschlüsselt, welche mit einem Weckruf kodiert ist, der zu einer vorbestimmten Zeit aktiviert werden kann. Diese Sternensaaten haben die Aufgabe, ihre innewohnenden Fähigkeiten zu voller Entfaltung zu bringen, um so die Harmonie und das Gleichgewicht auf Erden zu erhalten und das Bewusstsein ihrer Bewohner anzuheben. Sheldan Nidle sagt dazu:

„Der Begriff ‚Sternensaaten' umschreibt hoch entwickelte Wesen von einem anderen Planeten, Sternensystem oder einer anderen Galaxis, deren spezifische Mission es ist, dem Planeten Erde und seiner Bevölkerung dabei zu assistieren, in das goldene Zeitalter hineinzuwachsen.

Sternensaaten inkarnieren sich in dieselben Bedingungen der Hilflosigkeit und des totalen Vergessens hinsichtlich ihrer Identität, ihres Ursprungs hinein wie die Erdbewohner. Jedoch enthalten die Gene der Sternensaaten den Schlüssel des ‚Weckrufs', dazu bestimmt, sie im vorausbestimmten Moment ihres Lebens zu aktivieren'. Das Erwachen kann sanft und stufenweise geschehen oder auch dramatisch und abrupt. In beiden Fällen wird die Erinnerung in unterschiedlichem Grad wiederhergestellt, was den Sternensaaten erlaubt, ihre Mission bewusst aufzunehmen. Ihre Verbindung zum Höheren Selbst wird ebenfalls verstärkt, was ihnen ermöglicht, weitgehend von ihrem inneren Wissen geleitet zu werden. Viele Sternensaaten sind erfahren in ‚rapidem spirituellen Gewichtsverlust'. Sie können innerhalb weniger Jahre die einschränkenden Verhaltensweisen und Ängste abstreifen, wofür Erdenmenschen oft viele Leben benötigen. Sternensaaten sind recht vertraut mit den Vorgängen und Techniken der Bewusstseinsanhebung, da sie bereits in ähnliche Missionen auf anderen Planeten verwickelt waren. Sternensaaten sind Individuen, die Erregung und Sehnsucht empfinden, sich Klarheit darüber zu verschaffen, dass sie eigentlich aus einer anderen Welt stammen. Sie spüren das Alleinsein, Getrenntsein, das den menschlichen Zustand ausmacht, haben zudem jedoch das Gefühl, Fremde auf diesem Planeten zu sein. Sie empfinden das Verhalten und die Motive unserer Gesellschaft rätselhaft und unlogisch. Sternensaaten fügen sich oft nur widerwillig den Institutionen unserer Gesellschaft ein, zum Beispiel politischen, wirtschaftlichen, gesundheitlichen usw. Bereits in jungem Alter tendieren sie dahin, die verborgenen Gründe solcher ungewöhnlich unklaren Konventionen zu hinterfragen. So sind Konzepte von Sternen(Raum-)schiffen, intergalaktischen Reisen, verschiedenartige psychische Phänomene und empfindende Lebensformen in anderen Galaxien für sie natürlich und logisch..."

In diesem Sinne ist Sheldan Nidle ein Beispiel für solch eine „Sternensaat", da er bereits als Kind mannigfaltige Erfahrungen mit außerirdischen Besuchern hatte und seit Jahren Kanal ist für deren Botschaften bezüglich des erwachenden Bewusstseins und der zu erwartenden Veränderungen.

TEIL II

Sheldan Nidle

Sheldan Nidle wurde am 11. November 1946 in New York geboren und wuchs in Buffalo im Staate New York auf. Seine ersten Erfahrungen mit Außerirdischen und UFOs hatte er bereits kurz nach seiner Geburt und 1955 gab es einen Höhepunkt mit verschiedenartigen Kontakten, Phänomenen und manifestierten Lichtform-Kommunikationen, Besuchen von Außerirdischen, Unterweisungs-Sitzungen während Aufenthalten in Raumschiffen und auf der Erde, telepathische Kommunikation und Direkteinfügungen von Grundwissen. Er hat die Raumfahrzeuge bei unterschiedlichen Gelegenheiten jahrelang beobachtet.

Im Alter von vierzehn Jahren bat Sheldan die Sirianer um Unterbrechung des Kontakts zu ihm, da er zu viele Konflikte erfuhr zwischen deren wissenschaftlichen Erkenntnissen einerseits und dem, was er hier auf Erden zu studieren hatte, andererseits. Sie verließen ihn, sagten ihm aber, dass sie zurückkommen würden, wenn es an der Zeit wäre für ihn, seine Mission für diesen Planeten und seine Bevölkerung zu vollenden. Auf der Hochschule beteiligte sich Sheldan an fortgeschrittenen wissenschaftlichen Programmen der Bereiche Physik, Chemie und Mathematik. Als Teenager gehörte er zu einem Team, das sich um die Erfindung des Ionenfeld-Mikroskops bemühte. Als Student der staatlichen Universität Buffalo/New York war er Vizepräsident des Amateur-Astronomen-Clubs. Sheldan machte 1970 an der Universität Ohio sein M. A.-Examen (Master of Arts) auf dem Gebiet „Südostasiatische Regierungsformen" und ein zweites M. A.-Examen an der Universität von Südkalifornien im Bereich „Politische Wissenschaften" („Das amerikanische Regierungssystem"), wo er überdies zunächst eine philosophische Doktorarbeit verfolgte (1974–1976). In den Siebzigerjahren war er Vizepräsident im Bereich Wissenschaftlicher Programmierung bei der „Syntar-Produktions"-Gruppe, wo er eine Dokumentation über Leben und Werk Nikola Teslas verfasste. Von den Siebzigerjahren bis Mitte der Achtzigerjahre war Sheldan in wissenschaftliche Forschungsprogramme hinsichtlich alternativer elektrischer Energiegewinnung involviert. Mitte der Achtziger wurde der außerirdische Kontakt wieder aufgenommen. Sheldan Nidle ist seither ein Repräsentant und Lektor für die Galaktische Föderation. Sheldans Vision ist, dass die Menschen aktiviert werden zum Dienst an der Schaffung eines kooperativen Bewusstseins-Netzwerks für die neue galaktische Zivilisation. Seine Mission ist, „Planetare Aktivierungs-Gruppen" zu etablieren und uns hinsichtlich des vor sich gehenden Wandels (unser beschleunigter Wechsel zu vollständigem Bewusstsein) und unserer neuen Rolle als galaktische Menschenwesen zu informieren und zu unterrichten.

TEIL II

Wie ich schon früher erwähnte, kommen in Wellen immer mehr Kinder auf die Welt, die im Besitz eines größeren Bewusstseins sind und die Erinnerung an frühere Leben nicht zum Zwecke der Weiterentwicklung vergessen haben, da ihre eigene Entwicklung bereits einen Stand erreicht hat, der dieses Vergessen nicht mehr benötigt. Für diese Kinder sind ihre Erfahrungen und Erlebnisse, über die sie berichten, völlig normal. Nur die Umwelt reagiert meist verständnislos, was für solche hoch entwickelten Seelen eine große Schwierigkeit bedeutet. Sind sie doch gekommen, um unser Bewusstsein langsam mit diesen Gegebenheiten vertraut zu machen. So ein Präzedenzfall ist u.a. ein Junge namens Boriska aus der Provinz Volgograd.

Der russische Schriftsteller Gennady Belimov, ein Universitätsprofessor und Forscher, ist auf einem Camp diesem Jungen begegnet und er hat darüber berichtet. Nachfolgend Auszüge aus seinen Mitteilungen. Bei einigen Formulierungen bitte ich zu berücksichtigen, dass dieser Text zweimaliger Übersetzung unterlag. Aus dem Russischen ins Englische und dann in die deutsche Sprache.[23]

Die Geschichte vom russischen Indigokind Boriska ist nicht ganz neu, sie hat aber eine ganz neue Aktualität gewonnen, weil in letzter Zeit vermehrt Aussagen von Mainstream-Weltraumforschern an die Öffentlichkeit gelangten, die von unserem Nachbarplaneten Mars ein ganz neues Portrait zeichnen. Ein Bild weg vom toten Wüstenplanet zu einem Himmelskörper, der möglicherweise noch heute Leben beherbergt, mit allergrösster Wahrscheinlichkeit aber in früheren Zeiten von einer intelligenten Zivilisation bewohnt wurde.

Und damit bestätigen die Wissenschaftler immer mehr Details der Zeugnisse von Boriska, der in seinen Erinnerungen von seinen Leben auf dem Planeten Mars erzählt.

Ein Treffen in einer ungewöhnlichen Umgebung

Boriska in jungen Jahren zur Zeit der Aufzeichnungen

„Das erste Mal hörte ich von diesem ungewöhnlichen Jungen mit dem Namen Boriska durch die Geschichten der Teilnehmer einer Expedition, welche in einer unwirtlichen Zone des Nordens der Provinz Volgograd, in unserem Land bekannt als der „Medveditskaya Rücken", stattgefunden hat. Stellen Sie sich vor, als jeder von uns an diesem Abend um das Lagerfeuer herum saß, kam dieser kleine Junge, gerade einmal sieben Jahre alt, und forderte uns lauthals dazu auf, still zu sein: Er hatte vor, uns von den Bewohnern des Mars und deren Reisen zur Erde zu erzählen. Nun gut, einige plauderten immer noch mit leiser Stimme weiter, als der Junge uns strikt zu erkennen gab, dass er unsere volle Aufmerksamkeit verlange:

„Oder es wird keine Geschichte geben!" so der Bericht eines Teilnehmers.

TEIL II

Und so wurden alle anderen Gespräche abrupt beendet. Und dann begann dieses Kind, mit seinem runden Gesicht und seinen großen Augen, in seinem kurzärmeligen Sommerhemd und seinem coolen Basecap, den Erwachsenen gegenüber vollkommen unerschrocken eine unglaubliche Geschichte zu erzählen. Über die Marszivilisation, Megalithstädte und Marsraumschiffe, über Flüge zu anderen Planeten und über das Land Lemurien auf der Erde, über das Leben dort aus seinen persönlichen Erfahrungen, von seinen zahlreichen Flügen vom Mars zu diesem riesigen Kontinent in der Mitte des Ozeans und seinen Freunden dort ...
Das Lagerfeuer brannte weiter, die Dunkelheit der Nacht umgab alle Menschen, die um dieses Feuer herum saßen und der endlose Sternenhimmel über uns war still, als ob er ein großes Geheimnis behüten würde. Eineinhalb Stunden voller überraschender Geschichten vergingen. Einer der Zuhörer kam auf die Idee, ein Diktiergerät zu nutzen, rannte los und holte es und so besitzt heute wohl irgendjemand in Moskau eine Aufzeichnung dieses Gespräches. Wie auch immer, ob es wohl jemals veröffentlicht wird, das weiß nur Gott; denn nicht jeder hat die Fertigkeit eines Journalisten. Viele waren schockiert über zwei Dinge. Erstens, das ungewöhnliche Wissen, das ein Siebenjähriger normalerweise nicht haben konnte – nicht einmal alle Geschichtsprofessoren zusammen könnten so eindeutig und mit solch einer Menge an Informationen über Lemurien und die Lemurianer sprechen. Man würde niemanden an einer Schule oder einer Universität mit diesen Erinnerungen und Informationen finden. Die Wissenschaft konnte bis heute die Existenz anderer Zivilisationen noch nicht beweisen, und es scheint so auszusehen, als ob sie auch keine Eile hätten, dies zu tun, scheinbar um den Glauben an die

Einzigartigkeit des Menschen im Universum weiterhin aufrecht zu erhalten. Und zweitens, die Aussprache von Boriska und dessen Art etwas zu formulieren. Er war nicht auf dem Niveau eines Kindes auf dem ersten Grad, er benutzte Terminologien und eine Detailgenauigkeit, untermauert mit Fakten aus der Vergangenheit des Planeten Mars und der Erde, sodass jeder beeindruckt war. Nur anhand seiner emotionalen Ausbrüche konnte man erkennen, dass diese vernünftige und sensible Rede trotz allem von einem Kinde stammte.

„Wie kann Boriska nur auf diese Art sprechen?", fragte sich mein Gesprächspartner. „Anscheinend wurde er durch dieses Umfeld des Expeditionslagers dazu provoziert. Hier waren viele interessierte Menschen mit offenem Verstand versammelt, die der Lösung der vielen Geheimnisse der Erde und des Kosmos nachgingen, und Boris, der deren Gesprächen Tag für Tag zuhörte, protestierte nun, da er die Informationen und Erinnerungen, die in ihm waren, nicht mehr länger zurückhalten konnte."

„Kann es sein, dass er alles nur erfunden hat? Vielleicht hat er sich ja all die ‚Star Wars Filme' angesehen und daraus eine Geschichte gemacht?"

„Es scheint nicht so ... Das alles klingt nicht nach einem Fantasieprodukt", antwortete mein Kollege, „mehr sieht es danach aus, als ob es Erinnerungen aus der Vergangenheit wären, Erinnerungen seiner eigenen vergangenen Lebenszeiten. Diese Menge an Details kann nicht eingebildet sein, es müssen persönliche Erfahrungen sein."

TEIL II

Das Wissen über die Erinnerungen seiner vergangenen Lebenszeiten würde alles entscheiden: Ich verstand nun, dass ich mit Boriska sprechen musste. Jetzt, nachdem ich mit ihm und seinen Eltern gesprochen habe, versuche ich alles zu ordnen, um das Geheimnis zu verstehen, das es mit der Geburt dieses Jungen auf sich hatte. Es ist merkwürdig, dass sein Erscheinen gerade in einer Stadt von Volzhk, in einem abgeschiedenen Geburtskrankenhaus stattfand, obwohl in seiner Geburtsurkunde im Abschnitt für Geburtsort „Zhirnovsk, Provinz Volgograd" steht. Sein Geburtstag ist der 11. Januar 1996, um 8.30 Uhr abends. Einem Astrologen mag dies vielleicht etwas sagen.

Seine Eltern sind gute und freundliche Menschen. Nadezhda Kipryanovich, Boris Mutter, ist Hautärztin in einer städtischen Klinik und graduierte am medizinischen Institut von Volgograd im Jahre 1991. Sein Vater, Yuri Tovstenev, ist ein hoher Militäroffizier, der seinerzeit am militärischen Institut von Kamishinskygraduierte und heute als Bauleiter arbeitet. Sie würden sich sehr darüber freuen, wenn ihnen jemand bei der Lösung des mysteriösen Phänomens um ihren Sohn helfen könnte, aber bis dahin beobachten sie dieses Wunder einfach weiterhin mit Neugierde.

„Als Boriska geboren wurde, bemerkte ich, dass er bereits nach 15 Tagen seinen Kopf hochhielt", erinnerte sich Nadezhda. Sein erstes Wort, ‚Baba' (Großmutter), sagte er etwa, als er vier Monate alt war und von diesem Zeitpunkt an, kann man so sagen, begann er zu sprechen. Seinen ersten Satz sprach er mit sieben Monaten, indem er sagte: ‚Ich will einen Nagel' – er sah einen Nagel in der Mauer. Im Allgemeinen beginnen

Kinder erst viel später zu sprechen. Die bemerkenswertesten seiner intellektuellen Fähigkeiten verbargen sich jedoch jenseits seines Körpers."

„Und wie zeigten sich diese?"

„Als Boris ein Jahr alt war, begann ich damit ihm Briefe zu geben, die dem Nikitin System** folgten, und, wie Sie sich vorstellen können, mit gerade mal eineinhalb Jahren konnte er bereits Zeitungen lesen, die schwierige Informationen enthielten. Er lernte Farben in einer Vielzahl von Farbtönen sehr früh und leicht zu erkennen. Als er zwei Jahre alt war, begann er zu zeichnen und mit zweieinhalb konnte er bereits malen und unterschiedliche Farben einsetzen.

Ab seinem zweiten Lebensjahr ging Boris in den Kindergarten. Alle seine Kindergärtnerinnen sagten mir, dass er sehr begabt im Umgang mit Sprachen sei und eine ungewöhnliche Wissensentwicklung zeige. Sie bemerkten, dass er ein phänomenales Gedächtnis hatte."

Seine Eltern bemerkten, dass ihr Sohn seine Informationen nicht nur aus seiner Umgebung bezog, sondern ebenso Zugriff hatte auf ein Wissen, das außerhalb dessen lag: Er bezog seine Informationen irgendwo aus dem Übersinnlichen.

„Niemand lehrte ihn das alles", erinnerte sich Nadezhda, „aber immer öfter begann er damit, sich hinzusetzen, die Lotusposition einzunehmen und in sich selbst zu gehen. Er wusste so viele Geheimnisse und Einzelheiten über den Mars,

---

** Das russische Ehepaar Nikitin hat ein System entwickelt, wie man den heute leider viel zu verbreiteten Konzentrations- und Wahrnehmungsstörungen bei Kindern entgegenwirken kann.

TEIL II

über die planetaren Systeme und andere Zivilisationen, wir waren über all das nur noch erstaunt. Zu dieser Zeit begann Boriska damit uns mitzuteilen, wie er auf dem Mars lebte und dass der Mars bewohnt sei, allerdings aufgrund einer Katastrophe in der Vergangenheit die Atmosphäre zerstört sei und nun dessen Überlebende in Untergrundstädten des Planeten leben würden. Zu dieser Zeit flog er oft zur Erde, um Handel zu treiben oder zu Zwecken der wissenschaftlichen Forschung. Es sieht so aus, als ob er selbst der Pilot eines Raumfahrzeugs gewesen sei. Das war zur Zeit der lemurischen Zivilisation und er hatte einen lemurischen Freund, der direkt vor seinen Augen starb."

„Eine riesige Katastrophe geschah auf der Erde, in der Berge explodierten und ein gewaltiger Kontinent auseinanderbrach und dabei im Meer versank. Ein riesiger Felsbrocken stürzte auf das Haus, in dem mein Freund lebte", sagte Boriska. „Ich konnte ihn nicht retten. Doch nun auf der Erde werden wir uns wiedersehen."

Boriska sah das gesamte Bild der Zerstörung von Lemuria vor seinem geistigen Auge, so, als ob es gerade erst geschehen wäre, und trauerte über den Tod der Menschen, so, als ob er selbst dafür verantwortlich wäre.

Eines Tages sah er ein Buch, das seine Mutter mitbrachte, „Von wem stammen wir ab?" von Ernst Muldashev. „Sie hätten sehen müssen, welchen Eindruck dies auf diesen kleinen Jungen machte. Er sah die Zeichnungen der Lemurianer, die Fotografien der tibetanischen Pagoden und konnte zwei

Stunden später detailgenau über die lemurische Rasse und deren Entdeckungen erzählen." "Aber Lemuria wurde vor mindestens 800 000 Jahren zerstört", sagte ich vorsichtig, "und die Lemurianer waren mehr als neun Fuß hoch – und doch erinnerst du dich irgendwie an dies alles?"
„Ja, ich erinnere mich", antwortete Boris und fügte hinzu, „allerdings hat mir niemand davon erzählt."
Ein anderes Mal kamen Erinnerungen bei ihm hoch, als er die Abbildungen in einem weiteren Buch von Muldashev, „Auf der Suche nach der Stadt der Götter", sah, über Grabkammern und die Pyramiden. Er sagte, dass sie das Wissen nicht unter der Pyramide von Cheops finden würden, aber unter einer anderen. Doch bisher haben sie es noch nicht gefunden. „Das Leben wird sich verändern, wenn sie die Sphinx öffnen", sagte Boris und fügte hinzu, dass man die Sphinx irgendwo hinter einem ihrer Ohren öffnen könne, aber er sich nicht mehr genau daran erinnern könne, wo. Er sprach sehr eindrucksvoll über die Zivilisation der Maya, als seine Inspirationen über diese in ihm aufstiegen, und bemerkte, dass die Menschen heutzutage nicht besonders viel über dieses faszinierende Volk wüssten.

Aber die bemerkenswerteste Sache ist, dass Boriska denkt, dass jetzt auf der Erde die Zeit ist, in der neue und sehr spezielle Kinder geboren werden aufgrund einiger großartiger Veränderungen auf dem Planeten und dazu eine Menge neues Wissen für die Erdbewohnermentalität erforderlich werde.

TEIL II

„Woher weißt du das mit diesen besonders begabten Kindern und warum geschieht es?", fragte ich ihn während unseres Gesprächs. „Weißt du, dass man sie auch Indigo-Kinder nennt?"

„Ich weiß, dass sie geboren werden, allerdings habe ich in unserer Stadt bisher keinen getroffen. Aber vielleicht Julia Petrova – sie glaubt mir, was bedeutet, dass sie etwas fühlt. Die anderen lachen normalerweise, wenn ich Geschichten erzähle. Auf der Erde wird vielleicht etwas geschehen, zwei Katastrophen, deshalb werden diese Kinder geboren. Sie müssen den Menschen helfen. Die Pole werden umschalten. Im Jahr 2009 könnte es die erste große Katastrophe auf einem großen Kontinent geben, und im Jahr 2013 eine weitere, weitaus stärkere."
„Fürchtest du dich gar nicht davor, obwohl es auch dein eigenes Leben betrifft?"
„Nein, ich fürchte mich nicht, wir leben ewig. Es gab eine Katastrophe auf dem Mars, wo ich vorher lebte. Es waren die gleichen Leute wie wir, aber es gab einen Atomkrieg und alles verbrannte. Einige Leute überlebten und Häuser wurden gebaut und neue Waffen. Auch gab es eine Verschiebung der Kontinente. Allerdings war dieser Kontinent nicht groß. Marsbewohner atmen Luft, die überwiegend aus Kohlendioxid besteht. Wenn sie auf die Erde kommen würden, würden sie immer in der Nähe von Schornsteinen bleiben."

„Und du, obwohl du vom Mars bist, kannst ganz leicht unsere Luft atmen, oder brauchst du auch Kohlendioxid?" „Sobald man sich in einem irdischen Körper befindet, atmet man auch diese Luft hier. Aber wir hassen die Luft auf der Erde, denn von dieser Luft altert man. Auf dem Mars bleiben die Bewohner für immer jung, so etwa wie hier, wenn man 30–35 Jahre herum ist, und es gibt keine alten Leute. Mit jedem Jahr werden mehr und mehr Kinder vom Mars auf der Erde geboren. In unserer Stadt sind es nicht weniger als zwanzig."

„Erinnerst du dich noch an deinen alten Namen oder an die Namen deiner Freunde?"
„Nein, ich kann mich nie an Namen erinnern."
„Ab welchem Alter konntest du dich an dich selbst erinnern?"
„In meinem Vorleben war ich dreizehn und ich erinnere mich ab diesem Alter daran, und hier kann ich mich an alles seit meiner Geburt erinnern, allerdings habe ich nicht vergessen, woher ich gekommen bin. Wir trugen spezielle Brillen dort und wir kämpften rund um die Uhr. Dort, auf dem Mars, gab es eine unangenehme Sache: eine Station, die unbedingt zerstört werden musste. Der Mars könnte wieder aufleben und erblühen, aber diese Station verhindert das. Es ist geheim. Ich kann zeichnen, wie es aussieht, wir waren nahe dran. Diese Station ist gegen uns."
„Boris, warum sterben unsere Raumsonden scheinbar öfter, wenn sie auf dem Mars landen, als wenn sie nur in seiner Nähe bleiben?"
„Es wird ein Signal vom Mars ausgestrahlt und dieses ist darauf ausgerichtet, die Raumsonden zu zerstören. Die Station strahlt zerstörerische Strahlen aus."
Ich war erstaunt über die Schädlichkeit der Fobosov Strahlen. Es sind genau die gleichen. Im Jahr 1998 versuchte sich ein Mann aus Volzhsk, Yuri Lushnichenko, ein Mann mit außersinnlichen Fähigkeiten, an die Weltraumbehörde der USSR zu wenden, um die sowjetischen Politiker vor dem

TEIL II

bevorstehenden Ausfall der Raumsonden Phobos 1 und Phobos 2 zu warnen. Besonders wegen der Strahlen und der radioaktiven Batterien, die dem Planeten fremd waren. Jedoch hörten sie seinen Warnungen nicht zu. Sie glaubten, es sei kein Bedarf, auf irgendjemanden zu hören (und das gilt bis heute), um Erfolg zu haben. Laut Lushnichenko ist es aber erforderlich, die Taktik zu ändern, wenn man auf der Marsoberfläche landen will.

„Weißt du etwas über mehrfache Dimensionen? Du verstehst schon, um an Orte zu fliegen, allerdings ohne einer geraden Flugbahn zu folgen, unter Zuhilfenahme des mehrdimensionalen Raumes." Ich stellte vorsichtig eine Frage, die ein Thema betraf, das sich außerhalb der Möglichkeiten unserer derzeitigen konventionellen Wissenschaften befand.

Boriska wurde plötzlich ganz munter und begann mir vollkommen energiegeladen die Konstruktion von UFOs zu erklären. „Wir sind gestartet und bereits sehr nahe an der Erde!" Dann nahm er ein Stück Kreide und zeichnete etwas Dreieckiges auf die Tafel.

„Es gibt sechs Schichten", sagte er begeistert. „Die äußere Schicht benötigt 25% und ist aus Metall, die zweite Schicht benötigt 30% und ist gummiartig, die dritte Schicht nimmt ebenfalls 30 % ein und ist wiederum aus Metall, 4 % sind aus einem Material mit magnetischen Eigenschaften", er schrieb dabei die Angaben auf die Tafel. „Wenn man nun die magnetische Schicht mit Energie antreibt, dann kann der Apparat durch das ganze Universum fliegen."

Wir Erwachsenen sahen uns gegenseitig verblüfft an. In welcher Klasse hatte er Prozentrechnen?

Eigentlich hatten sie das bis heute noch nicht in der Schule, allerdings, so wie es aussieht, hat Boriska einige Schwierigkeiten in der Schule. Sie steckten ihn direkt nach der Beurteilung sofort in die zweite Klasse, aber dann versuchten sie ihn dort wieder loszuwerden. „Wer", sagten sie zu mir, „mag es schon, wenn ein Kind seine Lehrerin dauernd unterbricht, um dieser zu sagen, ‚Maria Ivanovna, Sie sagen nicht die Wahrheit. Sie lehren uns nicht das Richtige.'"
Und so etwas passiert mehrmals am Tag. Nun hat ein Lehrer von der Schetinin Akademie sich Boris' angenommen und lehrt ihn persönlich. Boris wird seine Prüfungen nun außerhalb der staatlichen Einrichtungen machen. Der Lehrer meint, dass Boris in der Schetinin Akademie für begabte Kinder studieren sollte. Boris hat und hatte bisher immer schon Schwierigkeiten, sich mit normalen Kindern zu umgeben.

„Was ist Boriskas Auftrag auf der Erde? Weiß er etwas darüber?" Ich fragte sowohl ihn als auch seine Mutter.

„Sie sagte, er würde raten", meinte Nadezhda. „Er weiß etwas über die Zukunft der Erde. Zum Beispiel, dass das Wissen entsprechend der Qualität und des Entwicklungsstandes des Bewusstseins verteilt werden würde. Neues Wissen kommt nie zu bösen Menschen mit einem lasterhaften Leben: Diebe, Banditen, Alkoholiker, und auch jene, die zu engstirnig und nicht bereit sind sich zu ändern. Sie werden diesen Planeten verlassen. Er denkt, Informationen werden die wichtigste Rolle spielen. Eine Zeit der Einheit und gegenseitigen Kooperation wird auf der Erde anbrechen." „Boris, woher weißt du das?"

„Aus meinem eigenen Inneren", antwortete er ernsthaft. Einmal, als er gerade fünf war, erstaunte er seine Eltern damit, über „Proserpine" zu sprechen, einen Planeten, der vor

TEIL II

Hunderttausenden oder möglicherweise sogar Millionen von Jahren starb. Und dieses Wort, „Proserpine", sprach er einfach so aus, ohne es jemals zuvor gehört zu haben, und auch das erste Mal, als seine Eltern davon hörten, kam es von ihm. „Ein Strahl schnitt ihn durch und er zerfiel in viele Einzelteile", erklärte Boriska. „Physikalisch existierte der Planet danach nicht mehr, doch seine Bewohner wurden in die fünfte Dimension teleportiert, die Dimension, die ihr als parallele Welt bezeichnet. Wir beobachteten den Tod des Planeten vom Mars aus", erklärte er.
Und plötzlich sagte er etwas Unvorstellbares. Er sagte, dass die Erde als lebendiges bewusstes Wesen damit begonnen habe, die Kinder von Proserpine anzunehmen und zu akzeptieren, in der Absicht diese zu erziehen. Deshalb würden hier immer wieder einmal Kinder geboren, die sich an ihren Heimatplaneten erinnern und sich selbst als Außerirdische bezeichneten.

Allerdings wurde dieses Phänomen von euren Wissenschaftlern bereits bemerkt, und ich selbst hatte bereits ein Gespräch mit Valentina Gorshunova (Kainaya), die sich nicht nur an Proserpine erinnert, sondern sich manchmal in ihren Träumen auch mit ihren proserpianischen Freunden trifft. Und plötzlich erschien sie auch in derselben Stadt wie Boriska und sie beide besuchten den Blue Mountain in der unwirklichen Zone des Medveditskaya Rückens. Und das ist, was Boris' Mutter in ihren eigenen Aufzeichnungen festhielt:
„Du bist ein Vorläufer. Du hast die Bühne für uns freigeräumt. In den höchsten Sphären wirst du als Held verehrt. Du hast die schwersten Belastungen auf deine Schultern genommen. Ich kam zur neuen Zeit. Der holografische Code ist

bereits sichtbar und er wird den Raum überlagern. Alles wird an das Licht kommen, in einem neuen Feuer der Gedanken, sehr schnell. Der Wechsel von der einen Welt in die andere, wird durch die Substanz der Zeit stattfinden. Ich habe die neue Zeit gebracht. Ich brachte die neue Information." Das ist, was Boris einst zu seiner Mutter sagte.

„Boris, sag mir, woran leiden die Menschen?"

„Daran, nicht wirklich zu leben und nicht die Möglichkeit zu haben glücklich zu sein. Ihr müsst euch mit eurer kosmischen Hälfte vereinen, die nicht mit anderen Schicksalen verbunden ist, die in ihrer Ganzheit weder zerbrochen noch zerstört wurde, die nicht verunreinigt wurde durch die Gedanken der Moderne, aber dennoch verbunden ist mit ihrem Schicksal.
Beendet den Kreislauf der Wiedergeburt und geht den neuen Höhen entgegen." Das waren seine Worte.
„Ihr müsst werden wie die Kinder. Wenn sie euch schlagen, geht hin und umarmt sie. Wenn sie Schande über euch bringen, wartet nicht auf ihre Entschuldigung, sondern kniet nieder und bittet eure Schänder um Vergebung. Wenn sie euch beleidigen und euch erniedrigen, bedankt euch bei ihnen und lächelt. Wenn sie euch hassen, liebt sie so wie sie sind. Das ist die Kraft der Liebe, der Demut und des Verzeihens, die für die Menschheit wichtig ist."
„Weißt du, warum die Lemurianer ausgestorben sind?" „Ich bin auch ein bisschen Schuld daran. Sie wollten sich spirituell nicht mehr weiterentwickeln, kamen vom Weg ab und das zerstörte das Angesicht ihres Planeten. Der Weg der Magie und Zauberei führte sie in eine Sackgasse.

TEIL II

Die wahre Magie ist Liebe.

„Woher kennst du diese Wörter: Ganzheit, Zyklen, Kosmos, Zauberei, Lemurianer?" „Ich weiß ... Keilis ..." „Was hast du gesagt?"
„Ich sagte, ich grüße dich! In der Sprache meines Planeten." An diesem Zeitpunkt trennten sich Boriska und ich uns für dieses Mal.
Aber ich versprach mir, dass ich dem Schicksal dieses Jungen weiterhin folgen würde, so gut ich konnte und soweit es mir möglich sei.

Mars-Chroniken
Ungefähr ein Jahr später reiste ich nach Zhirnovsk, um mich mit Boriska zu treffen und das Neueste über sein Leben herauszufinden. Natürlich fand das erste Gespräch mit seiner Mutter statt.
„Ich sah in den Raum hinein, weil ich Boriska mit irgendjemandem sprechen hörte, aber ich war mir sicher, dass er allein war", erzählte mir Nadezhda Alexandrovna, Boriskas Mutter.
„Er war in der Tat allein und vor ihm befand sich ein farbiges Mosaik aus einer Fabrik für Kinderspielzeug und auf ihm befand sich die Doppelspirale der DNS. Ich erkannte sie eindeutig aus meinem Studium am medizinischen Institut."
„Und er sagte zu jemandem: ‚Ich bin der Pilot eines Forschungsschiffs, ein Wissenschaftler, allerdings habe ich niemals eine Kreuzung zwischen menschlicher und tierischer DNA durchgeführt. Es widerspricht den Regeln der natürlichen Selektion', worauf einige lateinische Wörter folgten, die ich nicht verstand. Ich war entsetzt ... und anstatt ihm

weiter zuzuhören, begann ich ihn zu schütteln: ‚Was war das? Mit wem redest Du?', fragte ich ihn. Boriska kam aus seiner Trance zurück, verwirrt und murmelte: ‚Ich habe gespielt.'

Nach diesem Vorfall wurde mir klar, dass ich meinen Sohn nicht wirklich gut kennen würde. Dies bewahrheitete sich, als ich ihn einige Zeit später dazu befragte und er mir sagte, dass diese Information nicht für die Menschheit bestimmt sei und dass, als er auf dem Mars lebte, sie unterschiedliche Zweige der DNA hatten. Sie war ein klein wenig anders als die DNA der lemurischen Rasse.

Aber grundsätzlich verstehe ich, dass, wenn er sich an Szenen seiner Leben auf dem Mars erinnert, diese nicht zusammenhängend sind und sich in unterschiedlichen Zeitperioden befinden. Das bedeutet, es sieht so aus, als ob er auf dem Mars mehrmals geboren wurde und sich an verschiedene Szenen dieser Leben erinnert, wahrscheinlich über einen Verlauf von vielen Tausend Jahren."

„Sie denken also nicht, dass es sich nur um kindliche Fantasien handelt?"

„Manchmal wäre ich wirklich ganz froh darüber, wenn es so wäre, aber leider ist das nicht so. Hier ist einfach zu viel ungewöhnliches Wissen mit im Spiel. Es gibt einfach keine Möglichkeit, wo er dieses Wissen hätte herbekommen können."

„Richtig, ich denke nicht, dass er sich an seine vergangenen Leben auf die gleiche Art erinnert wie wir uns an den Tag davor. Natürlich nicht. Seine Erinnerungen sind sehr zerstückelt und sie kommen in den unterschiedlichsten Situationen hoch, und es ist gut möglich, dass sie langsam verblassen. Ja, er kann sich mit externen Informationsquellen

verbinden und deren Übertragungskanal sein, aber zehn Minuten später kann es sein, dass er alles wieder vergessen hat, wie Kinder eben so sind."
Aus ihren Aufnahmen der letzten Monate lassen sich merkwürdige Erinnerungen von Boriska heraushören über ernsthafte Katastrophen auf dem Mars. Zum Beispiel besteht er darauf, dass es in den letzten hunderttausend oder eher noch Millionen von Jahren ernsthafte Probleme mit dem Wasser auf dem Mars gegeben hat. Der Mars begann seine Atmosphäre und sein Wasser katastrophal zu verlieren. Boriska sagte, dass sie dafür spezielle Schiffe hatten, um auf den nächstliegenden Planeten mit Wasser zu fliegen, die Erde, um wieder an Wasser zu kommen. Sie sahen aus wie Zylinder und dienten als Mutterschiffe.

Er redete viel über seine Aufgaben und Arbeiten im Weltraum. Allerdings mag er die amerikanischen Filme über Weltraumabenteuer und Weltraumkriege überhaupt nicht und er sagt dazu nur, dass diese sehr verzerrt und reine Erfindung seien. Marsschiffe konnten im gesamten Sonnensystem umherreisen und sie hatten eine Anzahl von Basen auf Planeten und Satelliten. Anscheinend war er kein schlechter Pilot, mit guten Fachkenntnissen, denn den Geschichten von Boriska kann man entnehmen, dass er recht oft an Flügen zum Saturn teilgenommen hat, wobei das Schwierigste an diesen Flügen die Navigation durch den Asteroidengürtel war. Viele seiner Freunde starben bei diesen Einsätzen zum Saturn.
„Weißt du, Mama, ich brachte kein Wasser zum Mars", sagte Boriska eines Tages. „Da ging es immer nur ‚Mars hin, Mars her', aber ich war zuständig für den Jupiter! Wir hatten ein spezielles Projekt zur Schaffung einer zweiten Sonne in

unserem Sonnensystem. Und die zweite Sonne sollte Jupiter sein. Allerdings wurde dafür mehr physische Masse benötigt, als im gesamten Sonnensystem vorhanden war. Also hatte das Projekt nie Erfolg."

Und einmal sagte er, dass die Wissenschaftler auf der Erde bestimmt daran interessiert wären zu wissen, dass es nicht nur neun Planeten in unserem Sonnensystem gibt, sondern zwei weitere mehr. Sie befänden sich hinter Pluto. Nach seiner Aussage befand sich der Mars einst näher am Jupiter und der Mond gehörte zum Mars. Aber nach einer riesigen kosmischen Katastrophe änderte der Mars seine Umlaufbahn, so bekam die Erde ihn.

Die natürliche Frage, ob er eine Familie hatte, so wie wir es verstehen, das wusste Nadezhda nicht. Boriska hat nie über Familienbeziehungen in seinen Marsinkarnationen gesprochen ...

Doch ob es neue Erklärungen über das Leben im Weltraum, auf dem Mars oder dem Sonnensystem geben wird – das erscheint zweifelhaft. Der Junge, mit den Worten der Spezialisten gesprochen, verschließt sich immer mehr. Am wahrscheinlichsten ist, dass die Unterschiede in unserer irdischen Realität dies bewirkt haben. Sie sind voraussichtlich zu schwierig für Kinder der Indigogruppe.

Jeden Tag Erde
Boriska starrte ohne Ablenkung auf den Bildschirm und manipulierte dabei schnell auf dem Controller der Spielkonsole herum. Auf dem Bildschirm war ein Kampf in einer Art unterirdischem Schloss zu sehen. Ich versuchte, mit ihm zu reden, um seine Aufmerksamkeit für einen Moment von dem

TEIL II

Spiel abzulenken, aber ohne Erfolg. Das Interesse des neunjährigen Jungen für das Videospiel wollte nicht schwinden, und das, obwohl er bereits seit drei Stunden ohne Unterbrechung durchgespielt hatte. Seine Mutter, deren gute Freundin Valentina Rubstovaya-Gorshunova und ich hatten bereits über alles gesprochen, was im letzten Jahr geschehen war, doch Boriska wendete sich nicht von seinem Videospiel ab und wollte nicht an unserem Gespräch über die Marsianer teilnehmen.
Ein Jahr zuvor war er sehr viel gesprächiger und antwortete sehr gern und enthusiastisch auf meine Fragen. Die Wahrheit ist, dass er an irgendeinem Punkt plötzlich sagte: „Das war deine letzte Frage!", und ohne auf weitere Argumente zu hören, begann er ein Videospiel zu spielen. Ich verließ ihn mit offenem Mund aufgrund dieser unerwarteten Warnung und dachte nur noch an dieses eine unanfechtbare Wort „war ..."
Jetzt hat Boriska keine Zeit mehr für Erinnerungen an Vorleben. Die Offenheit und Unbefangenheit des Jungen hat eine zu große Rolle in seinem bisherigen Schicksal gespielt. Kinder in seinem Alter und auch ältere Kinder reagierten, wie es in unserer Gesellschaft üblich ist, eifersüchtig und neidisch auf den Jungen. Schläge und Beleidigungen trafen ihn wesentlich öfter als irgendeinen anderen.
Und Boriska lernte ebenfalls zu kämpfen, obwohl er vor einem Jahr noch voller Feuer sagte: „Wenn dir jemand Schande über dich bringt, knie vor ihm nieder und bitte ihn um Verzeihung ..." Die Schwere und Härte eines Lebens auf der Erde passen nicht zusammen mit einem solchen Grad an Güte und Verständnis.

Die Leute begannen, Boriska nach der sensationellen Veröffentlichung über ihn unterschiedlich zu behandeln. Die Mehrheit reagierte mit Interesse und Neugier, aber etwa 15–17 % mit unbegreiflichem Hass und Ärger. Leider sind es gerade diese, die dem Jungen am meisten Schaden zugefügt haben und ihn am unerbittlichsten verfolgen.

Der Junge passt nicht in das Bild eines „normalen und durchschnittlichen Kindes" und Phänomene wie dieser einfache Junge Boriska finden sich zwischenzeitlich auf der ganzen Welt. Es ist noch gar nicht so lange her, da schickte eine Mutter einen Brief an die Schule: „Nehmen Sie ihn aus der Klasse, er lehrt unseren Kindern, wie sie sterben ...". Eine Untersuchung wurde eingeleitet, da der Junge seinen Klassenkameraden etwas über Reinkarnation erzählt hatte, dabei ging es um die Wiedergeburt der Seele (wobei doch gerade er eines der besten Beispiele dafür ist). Aber es scheint, die Worte und die Idee dahinter waren nicht besonders bekannt an dieser Schule, und so waren viele sehr besorgt darüber und dachten an einen möglichen Selbstmord der Kinder. „Ach, es wäre so lustig, wenn es nicht so traurig wäre".

Üblicherweise verhält sich Boriska genauso wie alle Kinder, wenn sie Dinge lernen müssen, die sie nicht interessieren (beispielsweise Russisch oder Mathematik).

„Ja, Boriska ist in diesem Augenblick in einer sehr schwierigen Situation", Valentina Gorshunova-Rubtsova, ein stetiges Mitglied der „Spacesearch Expedition" und eine der besten Freundinnen des Jungen, teilt diese Ansicht.

TEIL II

Das Interesse der Wissenschaft
Dass die Vertreter der Wissenschaften an Boriska interessiert sind, ist eine nicht zu leugnende Tatsache. Doktor der physischen Mathematikwissenschaft, Professor Vladislav Lugovenko am Institut des irdischen Magnetismus, Ionosphären- und Funkwellenausstrahlung der Russischen Akademie der Wissenschaften (IZMIRAN), traf sich mit Boriska und lud ihn nach Moskau ein, um einige Tests mit ihm zu machen. Einige von Lugovenkos Kollegen nahmen an der Untersuchung des Jungen teil. Lugovenko erforscht das Erscheinen von Indigokindern in Russland und anderen Ländern, da diese seit gut zwanzig Jahren auf diesem Planeten geboren werden „und dafür muss es einen Grund geben"! Anscheinend haben diese etwas mit der Entwicklung der zukünftigen Erdzivilisation zu tun.

Und so wurden Boriska und seine Mutter zu einem Sonderpädagogiklager auf dem Atalsky See in der Tulskaya Provinz eingeladen, denn das ist eine Stelle, an der die Energie der Erde eine besondere Wirkung auf die Menschen hat.

Ich habe einen wissenschaftlichen Bericht über die Messungen der kausalen, ätherischen, emotionalen und geistigen Grenzen des Biofeldes der Mitglieder der Expedition gelesen. Ich muss dazu sagen: erstens, der Junge hat ein sehr starkes Biofeld im Vergleich zu allen anderen Teilnehmern, und zweitens, sein Biofeld expandierte nach der Expedition mehr als das irgendeines anderen Teilnehmers.
Fotografien über die Aura des Jungen sagen ebenfalls eine Menge über ihn aus.

Um aus einem Dokument zu zitieren: „Vor dem Versuch war die vorherrschende Farbe in dem Foto gelb, was die intellektuelle Stärke einer glücklichen und attraktiven Person charakterisiert. In der linken unteren Ecke konnte man eine Stelle mit heller roter Farbe sehen, die man mit der Aktivität, der uneigennützigen Liebe und Energie des Jungen in Verbindung bringen kann. Nach dem Versuch änderte sich das Bild nur ein klein wenig, indem in der unteren linken Ecke ein grünes Licht erschien. Dies steht für die Lebenskraft, die positive Einstellung und Freundlichkeit des Jungen."

Vladislav Lugovenko beabsichtigt, die Beobachtung von Boriska fortzusetzen und deshalb ging er nach Zhirnovsk und besuchte ihn selbst, um ihn in seiner gewohnten Umgebung zu erleben. Er ging in die unnatürliche Zone der blauen Berge, die einige Tausend Kilometer von Zhirnovsk entfernt ist.

„Ich war mir sicher, dass sich Indigokinder in moralischer Hinsicht von anderen Kindern ihres Alters grundlegend unterscheiden würden", meinte Dr. Lugovenko. „Sie haben eine außergewöhnliche Fähigkeit für alles, was falsch ist, eine besondere Intuition, telepathische Kräfte und eine besondere Verbindung zum Kosmos. Wir können nur hoffen, dass der Junge seinen angestrebten Auftrag auf Erden erfüllen wird, über welchen wir bis heute leider nur raten können."

„Würden böse Kräfte nicht versuchen, ihn davon abzuhalten und das zu verhindern, würde ich etwas dafür tun."

Jedoch, und ich hoffe das sehr, werden die Schwierigkeiten, die Boriska jetzt hat, ihm helfen, ihn stärker zu machen. Denn schließlich war das Schicksal noch nie einfach, um es mit den Worten von Albert Einstein zu sagen. Der Junge lebt an der Armutsgrenze, hatte nie ausreichend zu essen, beendete vorzeitig seine Schulausbildung, weil seine Eltern nicht genug

TEIL II

Geld hatten, um die Ausbildung zu bezahlen, und dennoch hielt er dem allem stand. Möge er all dem widerstehen und aufblühen zu einem der großen Weltdenker und Wissenschaftler der Erde. Sein schwieriges Leben erzeugte in ihm unglaubliche Beharrlichkeit und Durchhaltevermögen. Wir wünschen dem Gesandten vom Mars, im tiefsten Russland geboren auf der Spitze des Millenniums, ebenso viel Durchhaltevermögen.

Eines wurde mir durch all die Gespräche mit Boriska klar: Da ist etwas, das diese Kinder dazu bringt, auf die Erde zu kommen mit Kräften, die außerhalb der Kontrolle der Menschen liegen, mit Anzeichen, die so eindeutig sind, dass man sie gleichzeitig auf vielen Kontinenten dieses Planeten wahrnehmen kann.

Indigokinder unterscheiden sich in ihren ungewöhnlichen Fähigkeiten, besonders in ihrer außergewöhnlichen Sicht, die Welt, wie wir sie kennen, zu sehen, und sie sind fähig, dank ihres unvergleichlichen und offenen Geistes Informationen und Wissen aus einer Ebene zu empfangen, die uns bisher verschlossen zu sein scheint. Ihr Auftrag und ihre Rolle in unserem Entwicklungsprozess sind bis heute noch nicht klar, doch wie auch immer, man kann deutlich erkennen, dass diese nicht gerade klein sind. Meine persönlichen Forschungen haben mich mit solchen Indigokindern in Kontakt gebracht."

# TEIL III

Der Baum des Lebens

Wie können wir selbst hineinwachsen in ein so profundes Wissen? Unser Verstand reagiert mit Abwehr, da er das Sosein von Indokindern oder den sog. Kristallkindern nicht nachvollziehen kann. Kann es uns weiterhelfen, den Baum des Lebens zu betrachten?
Vom Baum der Erkenntnis haben wir einen klaren Hinweis. Wenn seine Früchte gegessen werden (und essen bedeutet sinnbildlich, mit etwas identisch werden), so gibt es die Möglichkeit der Unterscheidung von Gut und Böse. Also eine Trennung von etwas, das vorher offensichtlich nicht getrennt war. Das heißt auch, nicht nur die Erkenntnis von Gut und Böse im Außen, das heißt auch, es im Innern als Möglichkeit zu sein. Dies wiederum heißt, kontinuierlich vor der Wahl zu stehen, sich für das eine oder für das andere zu entscheiden.

Was ist nun der Baum des Lebens? Vom Essen seiner Früchte wird gesagt, dass damit das Geschenk des ewigen Lebens verbunden ist.
Ein lohnenswertes Ziel. Doch kein ewiges Leben im Bereich der Dualität der Stofflichkeit, sondern ein ewiges Leben im Paradies, welches wir uns im Hier und Jetzt noch nicht vorstellen können, da dies außerhalb unserer derzeitigen Möglichkeit des Begreifens steht.

TEIL III

Wir können lediglich in Umschreibung von Begriffen, die wiederum der Dualität entspringen, einen Weg erkennbar machen, welcher zum Baum des Lebens und seinen Früchten führt.

Dieser Weg wiederum wird erst dann interessant und anziehend, wenn alle Wege der Dualität in der Stofflichkeit in tausendfältiger Erfahrung durch die verschiedenen Inkarnationen bereits hinter uns liegen und uns eine gewisse Müdigkeit und Sinnlosigkeit befällt mit der Sehnsucht, uns nach neuen Ufern umzuschauen.

Diese Müdigkeit und Sehnsucht hat uns auch in früheren Inkarnationen des Öfteren befallen. Dann hat die Seele sich angeklammert an Menschen oder Institutionen, die Lehren bereit hatten, die uns als Ziele der Sehnsucht erstrebenswert erschienen. Daraus haben sich immer wieder einzelne Seelen aus der Stofflichkeit befreien können, gleichzeitig aber war damit für viele andere die Gefahr verbunden, in die Fallen von Meinungen, Paradigmen, Glaubenssätzen, Versprechungen und Schwüren zu geraten, die in der Folge wiederum erhöhte Bindung und weitere Verstrickungen nach sich zogen.

So wie ein Tag im Licht der Sonne der Dunkelheit der Nacht zu weichen hat, so gibt es in den großen Schöpfungszyklen lange Perioden des Lichtes und lange Perioden der Nacht. Hinter uns liegt ein Zyklus von über 13000 Jahren, in denen die Kräfte der Dunkelheit immer mehr an Raum eingenommen haben und Menschen willfährige Diener dessen wurden, was im Bereich der Dualität keimhaft in uns angelegt ist. Dualität selbst ist weder gut noch böse, sondern einfach das

Der Baum des Lebens

kontinuierliche Spiel von Ausgleich und Bewegung zwischen zwei Polen. Erst wenn sich die dunkle Kraft verselbstständigt und aus dem Spiel der Kräfte ausscheidet, dann wird „das Böse" verzehrend und vernichtend. Diese Gefahr besteht im Bereich der Stofflichkeit und hat auch unsere Erde in ihren Würgegriff genommen.

So wie es Nächte völliger Dunkelheit gibt, so gibt es auch Nächte, in denen die funkelnden Sterne und das Licht des Mondes im Widerschein der Sonne uns den Zauber einer Märchenlandschaft erleben lassen. Geheimnisvoll weckt dies ein inneres Empfinden und Ahnen von magischer Schönheit, verborgenem Wissen und möglicher Erfüllung.

Im großen Zeitzyklus gesehen stehen wir an der Schwelle solch einer Nacht, die kurz davor ist, uns ihr Geheimnis zu offenbaren. Die Morgendämmerung eines neuen Tages!

Jetzt ist der Zeitpunkt gekommen, wo der Einzelne nicht mehr mühsam und schwer den Weg seiner Suche und Sehnsucht zum Licht erklimmen muss. Jetzt ist der Zeitpunkt gekommen, wo im großen Schöpfungszyklus das Licht selbst sich in gewaltigen Strömen durch die vielen Schöpfungsebenen auf die Erde einsenkt und den inneren Licht- und Geistfunken im Menschen aktiviert. Jeder Mensch, so er gewillt ist, kann diese neuen und starken Energien bewusst aufnehmen und zum eigenen Wandel benützen. Denn blockierte Muster und falsche Verhaltensweisen können aus dem Unterbewusstsein empordrängen und nach Lösung und Erlösung rufen. Ist dieser Reinigungsprozess durchlaufen, so bekommen wir letztendlich Zugang zu den Früchten des Lebensbaumes!

TEIL III

Dieser Zugang folgt bestimmten Gesetzmäßigkeiten sowohl im seelischen als auch im körperlichen Bereich. Jedoch nicht nur die Menschen gelangen in diesen Aufstiegsprozess, sondern auch die Erde selbst und mit ihr das ganze Sonnensystem.

Durch die zunehmende Dunkelheit auch auf der feinstofflichen Ebene ist die Erde in der Vergangenheit abgewichen von ihrer Bahn und der Verbindung zum Licht. Dies ist nicht nur als Metapher zu verstehen, sondern auch rein grobstofflich.

Nun aber hat die Erdachse begonnen sich aufzurichten und nach der Überlieferung des Maya-Kalenders und der Entschlüsselung dieses überlieferten Wissens wird sich die Erdachse im Jahre 2012 in direkter Ausrichtung zum Zentrum unserer Galaxie, von den Mayas Hunab Ku genannt, befinden, wobei sich das ganze Sonnensystem in die Ekliptik der Milchstraße bewegt. Astrophysiker berichten, dass vom Zentrum unserer Galaxis ein – bisher nicht für möglich gehaltener – Energiestrahl wie ein Scheinwerfer aus den tiefsten Bezirken des Alls auf die Erde gerichtet aufscheint. Innerhalb der letzten Jahre haben sich diese Strahlen um mehrere Hundert Prozent erhöht.

Was bedeutet das?

Der Beginn eines neuen Evolutionszyklus und einer neuen Zeit

Im Vorwort zu dem Buch „Der Maya-Faktor" von José Arguelles[24] erwähnt Brian Swimme (Astrophysiker) Strahlen, die als schwingende Dichtewellen die Galaxis durchwandern und die galaktische Evolution beeinflussen.

„Wir können damit beginnen, die Galaxis als Organismus zu begreifen, der mit seiner eigenen Entwicklung beschäftigt ist. Wir sprechen von der ‚selbstorganisierenden Dynamik' der Galaxis oder, vom Organismus her gesehen, von einer sich entfaltenden Galaxis – die Geburt von Sternen wird als Teil der galaktischen Epigenese gesehen. Die Sonne wird also von Kräften aktiviert, die vom galaktischen Zentrum gesteuert werden; ähnlich wie ein Froschauge von Kräften aktiviert wird, die von seinem eigenen organischen Zentrum gesteuert werden. Die menschliche Geschichte wird großteils von einem galaktischen Strahl geprägt, den Erde und Sonne während der letzten 5000 Jahre durchwanderten. Wenn wir das Ende des Strahls im Jahre 2012 erreichen, erwartet uns ein großer Augenblick der Transformation ...

Jeder Mensch besitzt die Kraft, sich direkt-sinnlich, übersinnlich, elektromagnetisch mit der Energie/Information dieses Strahls aus dem galaktischen Kern zu verbinden, um zu seinem wahren Selbst zu erwachen, zu seinem höheren Selbst, seinem tiefsten Selbst ... Erst einmal kann recht einfach festgestellt werden, dass die Galaxis ständig mit der Evolution der Erde und ihren Lebensformen beschäftigt ist.

TEIL III

Die galaktischen Dichtewellen schwangen die gesamten 4,55 Milliarden Jahre der Existenz unserer Sonne durch die Galaxis, und wann immer sie die Sonne durchdringen, ändern sie ihre Dynamik und somit die Strahlenenergie, die auf die Erde trifft. Ich zweifle nicht daran, dass wenn sich Evolutionsbiologen auf Erden mit dieser Sache auseinandersetzen, sie die Lebensentwicklung auf Erden durch jene Kräfte neu formulieren werden. Uns wird immer bewusster werden, dass die Form des Ulmenblattes nicht nur durch natürliche Auslese auf Erden geformt wurde, sondern durch die Handlung der Galaxis als Ganzes ..."

Unsere Galaxie ist eine flach spiralförmig angeordnete Anhäufung von Millionen von Sonnen. In einem Randbezirk befindet sich unser Sonnensystem, Der Weg der Sonne, die Ekliptik, läuft an zwei Stellen quer über die Milchstraße. Aber zu einem festen Zeitpunkt, zur Wintersonnenwende im Jahr 2012, steht sie in Konjunktion mit dem Äquator der Milchstraße und ist dadurch den Strahlungen aus dem Zentrum der Galaxie in vollem Ausmaß ausgesetzt.
Ein Zeitzyklus geht zu Ende, einer neuer Weltzeitzyklus (nach Berechnung der Maya's) beginnt. Ein solcher Abschluss ist der Beginn eines großen Bewusstseinssprungs für die Menschheit.
Unsere Sonne umkreist außerdem mitsamt ihren Planeten in einem Zeitraum von ca. 26 000 Jahren die Sonne Alcyone im Sternbild der Plejaden. Alcyone ist der hellste Stern der Plejaden, zehn mal größer als unsere Sonne und 410 Lichtjahre von uns entfernt. In einem Zeitraum von ca. 2160 Jahren wechselt der Frühlingspunkt unserer Sonne in ein jeweils anderes Tierkreiszeichen und taucht in ein neues Strahlungsfeld ein. Wir stehen neben der Ausrichtung auf das galaktische Zentrum

Der Beginn eines neuen Evolutionszyklus

jetzt auch zunehmend im Strahlungsfeld des Wassermann-Zeitalters. (Ein ganzer Umlauf unseres Sonnensystems um das Zentrum der Milchstraße dauert 220–240 Millionen Jahre.)

Alcyone wiederum umkreist in weiteren großen Zeitzyklen ein weiteres Zentralgestirn. So geht es fort und fort. Milliarden von Himmelskörpern bewegen sich in harmonischem Lauf auf ihren vorgezeichneten Bahnen. Jede Veränderung, die auf den Gestirnen vor sich geht, jede Neuformung und jeder Zerfall in Überreife beginnt und endet nach dem dafür vorgesehenen Zeitplan. Jede Änderung oder Abweichung vom geplanten kosmischen Stundenplan müsste unvorstellbare Katastrophen in der Sternenwelt nach sich ziehen. Ein vorherbestimmtes Ereignis kann weder aufgeschoben noch aufgehalten werden. Es löst sich unweigerlich aus, wenn die Weltenuhr das Signal dazu gibt.

Alles dreht und bewegt sich wie im Kleinen so im Großen. Die Elementarteilchen bewegen sich um den Atomkern und alles wiederum um sich selbst.

Unsere Erde bewegt sich vorwärts mit einer Geschwindigkeit von 1167 km pro Stunde und dreht sich innerhalb 24 Stunden einmal um sich selbst. Unsere Sonne wiederum bewegt sich mit einer Geschwindigkeit von 220 km in der Sekunde! Und alle Sternensysteme unserer Galaxie wiederum drehen sich um das Zentrum der Milchstraße.
Die Geschwindigkeit unseres gesamten Sonnensystems auf seiner Bahn um das galaktische Zentrum wird mit 230 Kilometer pro Sekunde angegeben.

All dies erscheint uns unvorstellbar angesichts dessen, dass wir auf unserem Planeten außer dem Wechsel von Tag und Nacht diese Bewegungen nicht mitempfinden.

Das Zentrum unserer Galaxie ist ca. 25000 Lichtjahre von uns entfernt. Dieses Zentrum liegt in der Dunkelheit, denn zwischen der Erde und dem Zentrum der Galaxie befinden sich dunkle Wolken von Staub, die den für uns sichtbaren Durchgang des Lichtes verhindern, jedoch nicht den Durchgang von Radiowellen, von Infrarotemissionen, y-Strahlen und Röntgenstrahlen, wie wir seit Entwicklung der Radioastronomie wissen.

Der Biophysiker **Dr. Dieter Broers** erwähnt, dass der Gamma-Strahlen-Ausstoß aus dem Zentrum der Galaxie in den letzten Jahren um **400%** gestiegen ist! Dr. Dieter Broers forscht bereits seit den Achtzigerjahren auf dem Gebiet der Frequenz- und Regulationstherapie. Als Nachlassverwalter von Burkhard Heim führt er dessen Forschungen über mehrdimensionale Räume fort.

Wir nähern uns dem Zeitpunkt, wo die Erde, wie schon erwähnt, immer mehr von den Strahlen aus dem Zentrum der Galaxie umfangen wird. Das Ende der Zeit, so die Überlieferung der Mayas, und gleichzeitig der Anfang einer neuen Zeit. Die Erdachse, deren unendliche Verlängerung man Himmelsachse oder auch Weltachse nennt, hat begonnen sich aufzurichten und nähert sich einer zunehmenden Ausrichtung auf das galaktische Zentrum.

Der Beginn eines neuen Evolutionszyklus

„Wir müssen uns jedes Sonnensystem als eine Batterie vorstellen, die zu bestimmten Zyklen an eine hohe Energiequelle angeschlossen wird. Diese hohen Energien können aber nur bei entsprechender Ausrichtung aufgenommen werden."[24]

Licht und Strahlen sind Informationsträger. Dies ist uns aufgrund der modernen Kommunikationstechnologien heute ganz geläufig. Nicht anders im Universum. Planeten, Fixsterne, Galaxien sind alle miteinander vernetzt durch magnetische Bänder, in denen Energie und Information fließen.

Alles ist mit allem verbunden, wie im Himmel so auf Erden.

Im Zentrum unserer Galaxis zeigt sich bei Infrarotaufnahme eine Formation, die Hannes Erler[26] zu der wunderbaren Vision inspiriert hat, dass dieses Zeichen dem bekannten Zeichen OM (AUM) aus der hinduistischen und buddhistischen Religion entspricht. Er schlussfolgert:

Meine Thesen sind:

1. Das Gebilde im Zentrum unserer Galaxis repräsentiert das seit vielen tausend Jahren bekannte spirituelle OM-Symbol.

2. Die mit dem OM-Symbol assoziierte Schwingung/Energie ist identisch mit der Neutrino-Strahlung (und evtl. anderen physikalischen Energien und Dimensionen), die von dem schwarzen Lochs im Zentrum des OM`s ausgeht.

TEIL III

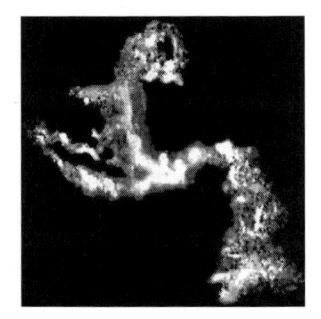

Aufnahme im Infrarotbereich vom Zentrum unserer Galaxie

traditionelles OM-Zeichen

gedehntes OM-Zeichen,
wie es dem astronomischen Bild annähernd entspricht

Der Beginn eines neuen Evolutionszyklus

Wenn dieses OM-Symbol nach den Überlegungen von Hannes Erler einen Hinweis auf dieses schwarze Loch repräsentiert, so deutet das auch auf eine spirituelle Dimension des schwarzen Lochs, welche den Heiligen früherer Zeitalter bekannt gewesen sein muss. Das Chanten (Singen) dieser OM Schwingung wird im Osten praktiziert, um dem Schöpfungsurlaut des Universums nahe zu kommen.

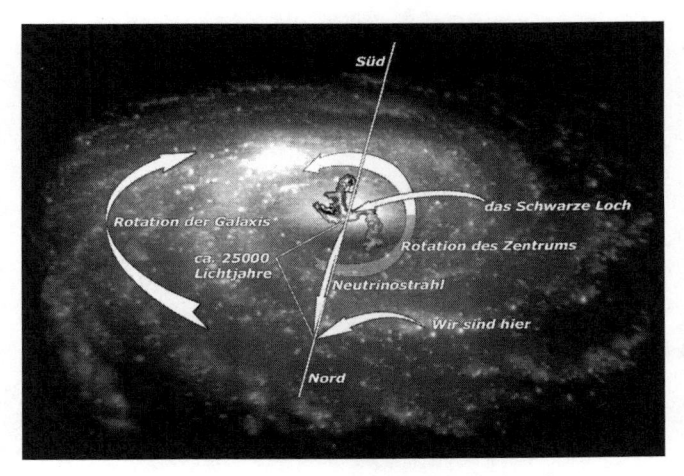

http://www.om-page.de/indexSc2.html

Wenn nun vom Zentrum der Galaxie besondere Strahlen auf die Erde treffen, wie wirkt sich dies auf unsere Physis aus? Leben auf der Zellebene wird nach unseren neuen Erkenntnissen bestimmt vom genetischen Code. Wir kennen heute den genetischen Code von vielen Lebewesen.

TEIL III

Es gibt aber auch einen **„galaktischen Code"**.

Während der genetische Code Informationen im Operationsbereich sämtlicher Lebenszyklen regelt – also einschließlich aller Pflanzen- und Tierformen –, regelt der galaktische Code Informationen im Bereich des Lichtzyklus."[24]

Der genetische Code, mit dem sich unsere Wissenschaftler beschäftigen, erfasst nur die Hälfte des Gesamtbildes. Der rhythmisch gesteuerte Lichtzyklus, der vom Zentrum der Galaxie ausgeht, steuert als Informationsträger die andere Hälfte.

Der galaktische Code überträgt Licht und Information, welches über die verschiedenen Sonnen letztlich unsere Sonne erreicht, die wiederum die Information via magnetisches Feld auf unsere Erde einspeist.

So wie das magnetische Feld um die Zelle das Medium ist, durch welches Informationsübertragung mittels Biophotonen stattfindet[25], so ist das magnetische Feld der Erde Übertragungsmedium für galaktische Information!

Auch unsere DNS selbst ist magnetisch, weshalb sie auch auf das Magnetgitter der Erde reagiert. So wie nun unser physischer Körper durchdrungen und verbunden ist mit unseren feinstofflicheren Körpern, so ist auch die DNS selbst mehrschichtig. Zwei biologische Stränge der DNS sind für die Forscher durch entsprechende Technik sichtbar geworden. Innerhalb dieser befinden sich aber Schnittstellen und Schichten mit höherdimensionalen, psychischen, emotionalen und feinstofflichen Ebenen der Wirklichkeit. Magnetfelder sind in diesem ganzen System von Informationsübertragung von immenser Wichtigkeit.

Wie ich schon in meinem Buch „Mit deinen Händen heilen"[1] anführte, kann sich nach neuesten Erkenntnissen der Vogelflugexperten der genetische Code in einer Generation verändern (nicht erst im Laufe von Jahrtausenden, wie bisher angenommen). In diesem Zusammenhang möchte ich auch nochmals auf die Tatsache hinweisen, dass die Firma Ciba-Geigy, Basel, am 15. Juni 1989 ein europäisches Patent angemeldet hat, bei dem es gelungen war, ganz ohne Gentechnik, nur unter Zuhilfenahme elektrostatischer Felder, Urformen von Fischen, Farnen, Getreidepflanzen und Pilzen zu züchten.

Diese Versuche mithilfe von Feldeinwirkungen sind im Ergebnis ein Salto mortale rückwärts in der Evolutionsgeschichte und zeigen die enorme Wirkung von Feldern auf die genetische Entwicklung. Genauso gut können starke magnetische Felder, wie sie beim nächsten Maximalzyklus der Sonne zu erwarten sind, verbunden mit den starken energetischen Einwirkungen aus dem Zentrum der Galaxie einen Salto mortale der Evolution vorwärts bewirken.

All diese verschiedenen Schichten der DNS-Spirale werden durch das Einfließen der neuen Energie und durch die Schwingungserhöhung der Erde in Vibration gebracht und stimuliert, sodass uns immer mehr Informationen auch aus den feineren Ebenen zufließen können. Das heißt auch, dass durch die zunehmende Auflockerung der grobstofflichen

Strukturen Verhärtungen und Verkrustungen sowohl im Physischen als auch in den feinstofflichen Ebenen belebt werden, was mit vielen Veränderungen, Herausforderungen und Belastungen konform geht. Das wiederum hat zur Folge, dass immer schneller karmische Auswirkungen aus früheren Leben und aus dem jetzigen Leben zum Ausdruck drängen. Parallel dazu laufen die Veränderungen in unserem energetischen System.

Eingedenk all dessen ist es wichtig, sich selbst täglich mit großer Aufmerksamkeit zu begegnen, um während all dieser Abläufe in einem körperlichen und seelischen Gleichgewicht zu bleiben.

Der Prozess der Veränderung, das 13-Chakren-System

Der Aktivierungsprozess der erwähnten feineren Stränge der DNA geht schrittweise vor sich. Wie schon im vorigen Kapitel erwähnt, geschieht Informationsübertragung durch Licht im magnetischen Feld. Die magnetischen Eigenschaften unserer DNA werden wohl bald auch offiziell von der Wissenschaft erkannt werden, so wie Kryon[20] dies in einem Channeling über Physik und Magnetismus vom 16.7.2007 andeutet:

„Die DNS ist kein Strang, sondern eine Schleife. Es hat eine Weile gedauert, diese Wahrheit zu erkennen, denn es ist eine sehr kleinteilige Verbindung. Und plötzlich ist die DNS kein Strang mehr, sondern eine Schleife. Und hier fängt es an, interessant zu werden. Denn innerhalb dieser Schleife gibt es jetzt das Merkmal eines fließenden Stroms. Versteht, der Mensch ist ein bioelektrischer Apparat, euer Gehirn und die Synapsen und eure muskulären Reaktionen funktionieren alle über Neuronen, die zur Bewegung eures Körpers die Impulse abfeuern, Millionen und Abermillionen davon. Und so sind auf einmal die elektrischen Vorgänge im Körper mit der DNS verbunden, denn es fließt ein Strom durch die [DNS-]Schleife. Er ist winzig, selbst mit euren feinsten Instrumenten kaum messbar.

Das Erste, was wir euch empfehlen werden, ist Folgendes: Wissenschaftler, sucht nach dem fließenden Strom! Denn ihr werdet herausfinden, dass er da ist. Nicht nur das, ihr werdet herausfinden, dass der Strom auf eine Art durch eure Chemie fließt, in der er nicht fließen sollte! DNS sollte eigentlich gar keinen Strom leiten, aber sie tut es ... fast wie ein Supraleiter. Also habt ihr jetzt einen elektrischen Strom, der durch eine

TEIL III

Schleife fließt. In den Grundlagen der Elektrizität lernt ihr, dass jeder durch eine Schleife fließende Strom ein magnetisches Feld erzeugt. Die DNS hat darum ein eigenes magnetisches Feld ... jede Doppelhelix. Oh, es ist klein. Aber wenn ihr die millionen[fache Anzahl] dieser Teile des menschlichen Körpers berücksichtigt, die alle ein magnetisches Feld haben, dann wird der ganze Mensch magnetisch. Und jetzt sitzt und steht ihr mit wissenschaftlichen Belegen dafür da, dass die menschliche DNS tatsächlich ein magnetisches Feld hat.

Und aufgrund der Physik des Magnetismus sollte euch das noch etwas anderes sagen. Wenn ein magnetisches Feld ein anderes überlagert, geschieht etwas, das Induktion genannt wird. Induktion ist das magische Merkmal, in dem zwei magnetische Felder aufeinandertreffen und sich umeinander winden, wo Kommunikation und Übertragung von Energie stattfinden. Und das magnetische Feld, mit dem ihr per Induktion verbunden seid, ist das magnetische Feld der Erde. In eurer Elektrotechnik wird es [die Induktion] täglich in fast jedem elektrischen Gerät genutzt, das ihr habt. Was ihr wissen solltet, ist, dass Induktion der Motor für DNS-Veränderungen ist und sowohl angemessene wie unangemessene magnetische Handlungsanweisungen aus der Umwelt empfängt ..."[20]

Nicht nur die feineren DNS-Stränge werden aktiviert, auch die von der Wissenschaft als sog. „Junk"(Abfall) DNA bezeichnete DNS beginnt mit unserer aktiven Doppelhelix zu agieren. Parallel mit der Aktivierung der feineren DNS-Stränge geht ein weiterer, äußerst wichtiger Prozess der Entwicklung weiterer Energiezentren in unseren Körpern einher.

Der Prozess der Veränderung

Der Astralkörper ist derjenige Körper, der unserem physischen Körper am nächsten anliegt. Im Astralkörper wie auch in den höher liegenden Hüllen befinden sich Energietransformatoren, welche höher schwingende Energie für den physischen Körper nutzbar machen. Wie das funktioniert, können wir uns mithilfe eines Beispiels erklären. Das Elektrizitätswerk einer Stadt stellt sehr hohe Energie zur Verfügung. Diese wird über eine lokale Zentralstelle durch Stromleitungen weiter verteilt und zu nutzbarer Energie heruntertransformiert. Die Endgeräte entnehmen dann die jeweils benötigte Energie: der Herd, die Waschmaschine oder der Kühlschrank benötigen mehr als z. B. eine Glühlampe oder das Bügeleisen. Vergleichbares geschieht im Astralkörper, ebenso in den jeweils höheren Körpern. Bestimmte Transformationsstellen, Energiewirbel, im indischen Sanskrit Chakras (Energieräder) genannt, nehmen die höher schwingende Energie auf, transformieren sie und leiten sie über viele Energieleitbahnen, Meridiane genannt, zu den Stellen, die diese Energie benötigen. Dort wird sie aufgenommen und schließlich im Körper von den jeweils zuständigen körperlichen Nervenansammlungen, Plexi genannt, weitergeleitet zu den inneren Drüsen, zum Blut und zu den Organen.[1]

TEIL III

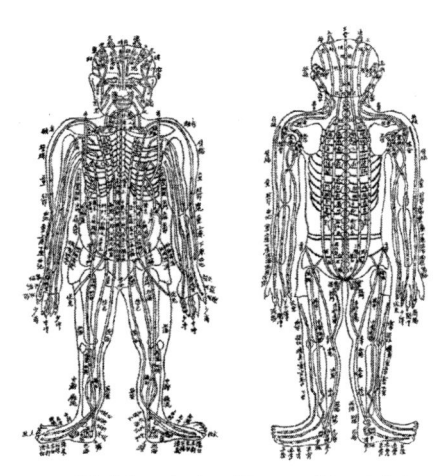

Altchinesische Akupunkturtafel
(Wong und Wu: „History of Chinese medicine", Shanghai 1936)

Dieses ganze Energieleitwerk können wir uns vorstellen wie ein Straßennetzwerk. Die zwölf bekannten Meridiane wären die Autobahnen, zusätzlich gibt es aber viele Querverbindungen und Vernetzungen. Während die Akupunkturlehre ursprünglich chinesisch zu sein scheint, finden sich zu den 12 Meridianen Parallelen schon etwa 1000 v. Chr. in den indischen Upanischaden. Dort ist die Rede von sogar 72000 Adern. Der Begriff Adern ist synonym mit dem Begriff der „Meridiane". Bei einem Vergleich mit einem Straßennetzwerk der heutigen Zeit, wenn man die Landstraßen, Bundesstraßen und kleinen Straßen mit dazu rechnet, da ja auch die großen Energieleitbahnen der 12 bekannten Meridiane mit vielen Sekundärbahnen und Verzweigungen verbunden sind, die letztlich bis ins Zellsystem einfließen, erscheint mir die Zahl von 72000 durchaus vorstellbar.

Der Prozess der Veränderung

Dieses grandiose energetische Netzwerk erfährt nun in seinen Hauptschaltstellen, den Energiesammelstationen (Chakren) eine völlige Neuschaltung mit dem Ziel, uns den Zugang zu einem voll entwickelten Bewusstsein zu ermöglichen!

In Erweiterung unseres bisherigen 7-Chakren-Systems entwickelt sich nach den Durchgaben von Sheldan Nidle[26] ein erweitertes 13-Chakren-System.

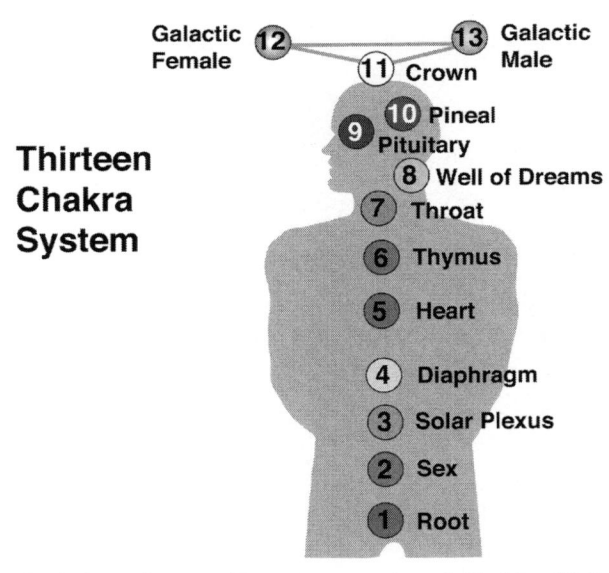

Thirteen Chakra System

- 12 Galactic Female
- 13 Galactic Male
- 11 Crown
- 10 Pineal
- 9 Pituitary
- 8 Well of Dreams
- 7 Throat
- 6 Thymus
- 5 Heart
- 4 Diaphragm
- 3 Solar Plexus
- 2 Sex
- 1 Root

13-Chakren-System (Energiezentren) nach Sheldan Nidle

1 Wurzelchakra, **2** Sexualchakra, **3** Solar Plexus Chakra, **4** Zwerchfellchakra, **5** Herzchakra, **6** Thymuschakra, **7** Halschakra, **8** (Hinterkopf) Brunnen der Träume, **9** Hyophysenchakra, **10** Zirbeldrüsenchakra, **11** Kronenchakra, **12** feminines galaktisches Chakra, **13** maskulines galaktisches Chakra

TEIL III

Dieses 13-Chakren-System war auch im alten Ägypten bekannt und so liegt die Vermutung nahe, dass die Fähigkeiten der Menschen, die der Pharao im Gespräch mit seiner Tochter erwähnt, diesem 13-Chakren-System entsprachen.

„Einst lebte eine Rasse auf Erden, die von den gegenwärtig auf Erden lebenden Menschenrassen sehr verschieden war. Sie offenbarte völlig das Gesetz des Geistes und nicht das Gesetz der Materie wie die heutigen Menschenrassen ..."[3]

Wenn wir nun im wahrsten Sinne des Wortes „neu verkabelt" werden, sozusagen an ein höheres Relais angebunden werden, und in einen völlig neuen Schaltkreis hineinwachsen, dann bringt dies während des „Umbaus" mannigfaltige Veränderungen, Störungen und Unannehmlichkeiten mit sich, da ja das normale Leben laufend Ansprüche an uns stellt und wir uns nicht einfach wie eine Raupe, die sich verpuppt, bis sie zum Schmetterling wird, in einen Kokon verkriechen können, bis der „Umbau" vollendet ist.
Dieser Prozess kann sowohl mit massiven psychischen als auch physischen Störungen verbunden sein, deshalb ist es sinnvoll, durch medizinische Untersuchung etwaige konkrete Krankheiten abzuklären. Jedoch ist es genauso wichtig zu verstehen, dass diese Symptome zwar äußerst unangenehm sein können, sich jedoch meist bei medizinischen Untersuchungen keine Hinweise auf Krankheitsstörungen ergeben.

Die Symptome des Erwachens

Im „normalen" Bewusstsein identifizieren wir uns mit unserer jetzigen Persönlichkeit, die geprägt ist von den Einflüssen während der Schwangerschaft, von Kindheit und Jugend, Eltern, dem Zuhause, Schule, Gesellschaft, Umgang, Geburtsland und Erziehung.

Diese unsere jetzige Persönlichkeit ist aber nur eine Facette unseres wahren Ich. Unsere Seele hat sich mit vielen solchen verschiedenen Persönlichkeiten aus verschiedenen Inkarnationen bekleidet und sich daraus jeweils die Quintessenz zu eigen gemacht. Ein Vergleich kann uns hier behilflich sein: Sie wählen jeden Tag aufs Neue, welche Kleidung Sie anlegen wollen, entsprechend den Erfordernissen des Tages. Sei es Arbeitskleidung, Festtagskleidung, eine Farbe, die gerade Ihrer Stimmung entspricht, Accessoires, die Ihnen für den Moment geeignet erscheinen usw. Jedoch Sie als Persönlichkeit, als Ihr Körper, sind immer der Gleiche, Sie bekleiden sich nur jeweils verschieden. Sie integrieren zwar die Erfahrungen, die Sie in den verschiedenen Bekleidungen machen, seien es Lernprozesse durch Ihren Beruf, zu dem Sie eine bestimmte Kleidung wählen, oder durch eine Festtagskleidung, die Ihnen Erfahrungen von z. B. Hochzeit, Konzert, Geburtstag etc. vermittelt.

Genauso ist es mit der Seele, sie taucht ein in verschiedene „Bekleidungen" eines physischen Körpers während verschiedener Inkarnationen, sammelt Erfahrungen in diesen „Verkleidungen" und bleibt sich selbst doch immer gleich.

Wenn nun die Seele beabsichtigt, durch diesen Aufstiegsprozess zu gehen, so lockert sich langsam das Gefüge zur jetzigen

Inkarnation. Durch die Stimulierung der latenten DNA-Stränge werden zunehmend auch Erfahrungen und Eindrücke aus früheren Inkarnationen ins Bewusstsein einströmen. Das heißt, die Sicherheit in der Verankerung zur jetzigen Inkarnation wird gelockert, was bedeutet, dass Zeiten von Orientierungslosigkeit zunehmen können. Am stärksten davon betroffen ist der Verstand, der gewohnt ist, in bestimmten festgefahrenen Strukturen zu funktionieren. Zunehmend kommen Erfahrungen von „Identitätsverlust" und Unsicherheit ins Spiel. Hier ist es einfach wichtig zu wissen, dass dies völlig normal ist.
Ich habe das große Energieleitnetzwerk in unseren Körpern verglichen mit dem großen Straßennetzwerk eines Landes. Vergleichen wir diesen Umbau in unserem Energieleitnetzwerk mit den vielen Umbauten im Straßenverkehr. Neue Brücken werden gebaut, es gibt Stau, Umleitungen, Behinderungen, Ärger, Frustration und Orientierungslosigkeit bei den Autofahrern, Anstrengung, Arbeit und Schutt bei den Bauarbeitern.

Immense Baupläne werden umgesetzt, bis endlich das System einer neuen Straßenordnung einwandfrei zu fließen beginnt. Solche Begleitsymptome sind unumgänglich, wenn der Verkehr während der Neugestaltung weiter fließen soll. Wir alle kennen das. Wenn sich die Identität zur jetzigen Verkörperung zu lockern beginnt, tauchen zunehmend Aspekte aus früheren Identitäten in unser Bewusstsein. Auch dies kann verwirrend sein. Der einzige Zustand, der hier angebracht ist, heißt „Glassenheit".

Die Symptome des Erwachens

Oft schlummern Aspekte in uns, die im jetzigen Leben aufgrund von verschiedenen angelernten Verhaltensweisen keine Chance haben, lebendig zu werden. Diese melden sich und es ist notwendig, dies zuzulassen. Es ist äußerst wichtig, hier eine große Flexibilität zu entwickeln. Es ist ähnlich wie bei einem Schauspieler. Heute spielt er diese Rolle, morgen eine andere. Das hat nichts mit „multipler Persönlichkeitsstörung" im medizinischen Sinn zu tun, sondern mit Lebendigkeit. Staunen Sie und freuen Sie sich, was alles in Ihnen steckt. Immer das Wissen im Hintergrund, dass hinter allen diesen Aspekten Ihr wahres Ich steht, welches beobachtet und immer mehr zum Durchschein gelangt.

Dies alles ist ein Reinigungsprozess, ein Heilungsvorgang, und sollte zugelassen und „durchlitten" werden, das heißt, durchgeleitet werden, sei es in Form von akzeptierter Traurigkeit, Tränenfluss, Emotionen der verschiedensten Art, auch Aspekte von Wut und Ärger müssen angenommen und losgelassen werden. Das Licht arbeitet sich hier zunehmend durch die verschiedensten Schichten unserer Körper hindurch und bringt alles ans „Tageslicht", wo es entlassen werden kann. Hier ist es wichtig, sich mit diesen Zuständen nicht zu identifizieren, sondern sie als vorübergehend zu akzeptieren, wissend, dass es nur Anteile von uns sind, die nach Befreiung rufen.

So verschieden die Symptome bei den einzelnen Menschen sein können, so gibt es doch allgemeine Muster, die bei vielen Menschen ähnlich auftreten. Hierzu ein Überblick der möglichen Anzeichen:

- körperliche Symptome speziell an den Stellen, wo sich die 6 neuen Chakren formieren. Ziehen und Schmerzen im Rücken und im Nacken, Nervenschmerzen, Kopfschmerzen, Herzbeschwerden, Herzstolpern, Hitze- oder Kältewellen durch den Körper, Niesen, Anspannung, Erschöpfung, Antriebslosigkeit, Schlaflosigkeit wechselt sich ab mit langen Schlafperioden, Verspannungen im Solarplexus.

- Bei zeitweisem Einströmen von starken kosmischen Energiewellen kann es zu Juckreiz kommen. Dieser Zusammenhang ist mir klar geworden durch die Behandlung mit Heilmagnetismus, da Patienten manchmal angeben, während einer bestimmten Behandlung durch die Aufnahme der Energie am Körper ein Jucken zu spüren.

- Depression, verbunden mit tiefer innerer Traurigkeit ohne äußere Begründung. Immer wenn etwas losgelassen wird, sind wir erst mal traurig. Diese Loslösung betrifft unter Umständen alte Seelenanteile, die sich verabschieden wollen, da sie ihre Aufgabe erfüllt haben. Auch das geht wieder vorüber.

- Wechsel der äußeren Umstände: Partnerschaft, Beruf, Karriere. Während wir uns selbst verändern, verändern sich auch die Dinge um uns herum. Wichtig: darauf zu vertrauen, dass alles einer höheren Führung unterliegt. Gehen lassen, was gehen will. Chaos wechselt in eine neue Ordnung! Offen sein für das Kommende!

Die Symptome des Erwachens

- Alte Bindungen können sich lösen, neue Möglichkeiten werden sich zeigen, da energetisch eine Veränderung auch eine Veränderung der magnetischen Anziehung mit sich bringt. Vertrauen auf die Fügungen!

- Es gibt Zeiten, wo wir das dringende Bedürfnis haben, uns von Menschen und familiären Bindungen zurückzuziehen. Dies kann wiederum zu Gefühlen von Einsamkeit führen, die aber durch mitmenschliche Kontakte nicht erlöst werden können.

- Zeitweise Erinnerungslosigkeit oder Erinnerungslücken. Dies hat damit zu tun, dass das Bewusstsein sich aus der Linearität hinausbewegt und sich des Öfteren nur im Hier und Jetzt lokalisiert. Keine Sorge, dies ist normal.

- Der Schlaf wird oftmals nicht mehr als erholsam empfunden, da nachts auf vielen Ebenen Arbeit geleistet wird.

- Da viele Muster aus der Vergangenheit aktiviert werden, auch aus früheren Inkarnationen, können intensive Träume mit unangenehmen Inhalten auftauchen. Wenn dies geschieht, ist der Traum selbst bereits die Lösung. Keine Rückschlüsse oder Traumdeutungen vornehmen.

- Zeitweise physische Orientierungslosigkeit und zeitliche Desorientiertheit. Das liegt darin begründet, dass eine Verschiebung stattfindet zwischen den festgefahrenen Strukturen von Raum und Zeit in die Richtung von Mehrdimensionalität.

- Gefühle von Verlorensein hängen damit zusammen, dass wir an ein neues Energiesystem angeschlossen werden, Abstand bekommen zu unseren früheren Identifikationen und das Neue noch nicht integriert ist. Es ist wie bei einer Raupe, die sich ins Puppenstadium zurückzieht. Dasselbe geschieht mit uns, während wir aber trotzdem den Alltag zu bewältigen haben. Es ist eine innerliche Verpuppung bei einem äußerlichen „Weiterfunktionieren". Akzeptanz und Wissen um die Zusammenhänge sind hier sehr wichtig.

- Kein Hinterfragen von Ursache und Wirkung! Das ist hier überhaupt nicht angebracht. Von dieser Art dreidimensionalem Denken gilt es sich zu lösen, da es den Verstand zu sehr beansprucht und festhält. Hingegen ist es wichtig, auf die innere Empfindung zu achten und immer wieder loszulassen!

- Zeiten von Sinnlosigkeit, Leidenschaftslosigkeit und Freudlosigkeit erwecken oft Sehnsucht, von diesem Planeten Abschied zu nehmen und „nach Hause" zu gehen. Das ist normal. Diese Sehnsucht erweckt das Geistige in uns. Es ist wie das Herunterschalten eines Computers, bevor das neue Programm installiert werden kann! Dieser Prozess geht schrittweise immer weiter.

- Immer wieder auftauchende Müdigkeit.

Die Symptome des Erwachens

Zur Linderung der Symptome:

- Viel Wasser trinken!

- Sich viel in freier Natur aufhalten!

- Einem Schlafbedürfnis unbedingt Folge leisten!

- Beste Medizin: Natürliches, tiefes Bauchatmen hilft sehr stark, den energetischen Fluss zu unterstützen. Wir tun dies automatisch bei starken Schmerzen, hier aber bewusst zur Loslösung von Blockaden und zur Harmonisierung.

- Abstand nehmen von allen Lärmbelästigungen!

- Es ist unumgänglich notwendig, zeitweise Abstand zu nehmen von der „Welt". Das betrifft die Medienlandschaft und andere Menschen, damit Sie immer wieder in Kontakt kommen mit Ihrem innersten Wesen und sich die energetische Umstellung jeweils ungestört neu anpassen kann und der Verstand ruhiggestellt wird.

- Wählen Sie sanfte Musik, um die „Seele baumeln zu lassen".

- Heilmagnetische Behandlung durchführen lassen oder an sich selbst vornehmen.[1] Dies ist eine ganz wunderbare Methode um immer wieder einen Ordnungszustand im grobund feinstofflichen Bereich zu erreichen!

- In diesem Zusammenhang sind auch die magnetischen Produkt der japanischen Firma Nikken unterstützend und erfolgreich einzusetzen.[27]

- **Prioritäten setzen! Sie sind in dieser Übergangszeit der wichtigste Mensch in Ihrem Leben. Abstand nehmen von Problemen der anderen!**

- Gähnen! Wenn wir gähnen, so ist dies ein Zeichen, dass sich Energieblockaden lösen. Dies können wir auch bewusst herbeiführen, indem wir Gähnen imitieren, bis es von selbst kommt. Gähnen ist kein Zeichen von Sauerstoffmangel! Nach dem Gähnen sind Sie erfrischt.

Die genannten Beschwerden treten auf, weil unser energetisches System eine Umstellung erfährt auf dem Weg zum neuen Bewusstsein. Ist dieser Prozess einmal in Gang gebracht, so führt er uns kontinuierlich weiter. Dies ist die Folge der Anpassung an die einströmenden neuen Energien auf die Erde via Magnetfeld in unser eigenes biologisches System.

Damit verbunden ist – wie schon erwähnt – eine Lockerung der Stofflichkeit, die es in uns ermöglicht, dass karmische Belastungen immer schneller zur Auslösung gelangen und demzufolge der Reinigungsprozess so mannigfaltige Symptome mit sich bringen kann.

Ausstieg aus der Dualität

Wenn wir in der Stofflichkeit die Früchte des Baumes der Erkenntnis im Wechselspiel der Polarität erfahren, so besteht die Gefahr, daß durch die Willensfreiheit des Menschen ein notwendiger Harmonieausgleich aus der Balance fällt. Dann orientiert sich der Mensch nur noch mit dem was seine äußeren Sinne ihm anbieten und er verliert im Laufe der Jahrhunderte die Verbindung zu seinem geistigen Ursprung.

Die Folge ist die Oberherrschaft des Verstandes, wobei die Empfangsstationen für die geistigen Eingebungen durch eine Nichtbeanspruchung der dafür zuständigen Gehirnzentren verkümmern. Der Mensch hat dann auch keinen Zugang mehr zu der aus dem Geistigen kommenden Empfindung und im extremsten Fall wird auch das im Verstand wurzelnde Gefühl verkümmern.

Ein Zustand, in welchem der Mensch nur noch roboterartig funktioniert und sein verstandesbezogener Gehirnanteil dermaßen überbeansprucht wird, daß dieser Teil wie bei einem Computer „abstürzt", was sich in Burn out Symptomen und mentalen Ausfällen bemerkbar machen wird.

Um diese „Schwäche" des Menschen zu kompensieren, wird Künstliche Intelligenz entwickelt. Und so wird der Baum der Erkenntnis zum Todesbaum.

TEIL III

Um sich aus diesem Gefängnis zu befreien und die entsprechenden Gehirnanteile zu entlasten, ist es notwendig und von großer Wichtigkeit, den Verstand zu erlösen durch einen bewussten Ausstieg aus der Dualität.

Das ist eine der größten Herausforderungen, denn unsere Welt ist aufgebaut auf ein Verstehen der Wirklichkeit durch Vergleichen. Vergleichen aber bedeutet grundsätzlich Dualität. Und Dualität heißt Vergleichen durch Unterschiede.

Der Baum des Lebens **unterscheidet sich** vom Baum der Erkenntnis durch Non-Dualität. Eine nicht dualistische Wirklichkeit kann mit einer dualistischen Sprache nur angedeutet werden, indem wir uns bewusst werden, wie sehr wir tagtäglich eingebunden sind in dualistische Beurteilungen.

Dualität im Denken heißt immer urteilen. Hier das Wort „teilen" ganz offensichtlich. Ein Urteil fällen, heißt, es gibt zwei Seiten, eine gute und eine schlechte. Wenn ich urteile, entscheide ich mich für die eine oder für die andere Seite. Dualität ist die Grundlage jeder Religion und jeder Regierungseinrichtung.
Wir bevorzugen „gesundes" Essen, weil es auch ein „schlechtes" gibt ...
Wir beten für Frieden, damit Krieg beendet wird ...
Wir finden das eine (was auch immer es sei) schön, da das andere hässlich ist ...
Wir wollen bestimmte Dinge „richtig" machen, weil andere es offensichtlich „falsch" machen ...
Wir „ärgern" uns über bestimmte Verhaltensweisen von Menschen und schicken ihnen anschließend unseren „Segen", damit sie sich ändern können ...

Dies geschieht oft sehr subtil und ist manchmal schwer aufzudecken. Mit dem Urteilen geht auch meist ein kontinuierlicher innerlicher Dialog als Folge von bestimmten Schlussfolgerungen in uns vor. Dies werden Sie erkennen, sobald Sie einmal Ihre Aufmerksamkeit darauf lenken.

Dieser innere Dialog kostet Energie und ist verbunden mit „Wenn" und „Aber" und „Warum" und „Weil" und bringt keine Erlösung. Wir beurteilen Dinge, Situationen, Menschen immer aufgrund unserer eigenen Brille, deren Färbung wiederum zu tun hat mit unseren eigenen Glaubensvorstellungen, Paradigmen, Weltanschauungen usw. ...Wir können diesen Vorgang nicht willentlich stoppen. Der erste Schritt ist Bewusstwerden, dass es so ist, wie es ist.
Das schafft uns die Möglichkeit, von diesem Ablauf Abstand zu nehmen und ihn einfach nur zu betrachten. Das heißt bildlich gesprochen, „hinter einer kleinen Mauer zu stehen", sich davon nicht berühren zu lassen, lediglich Beobachter zu sein. Auf diese Weise können wir den konstanten Verstandesmechanismen entfliehen.

Dieser Umstand wiederum bringt es dann mit sich, dass diese Abläufe immer „durchscheinender" werden und wir zeitweise in vollkommener Klarheit einfach nur „wir selbst" sind. Das ist der Zustand, der erstrebenswert ist! Zwei Worte sind in diesem ganzen Prozess sehr hilfreich:
Akzeptanz und Toleranz!

Akzeptieren, was ist, ohne es zu beurteilen! Dabei wiederum hilft der Gedanke, dass wir überhaupt keinen Einblick haben in gewisse Zusammenhänge, weshalb Menschen so und

TEIL III

so agieren oder reagieren, welche Lernprozesse sie gerade durchgehen, in welchen Lebensumständen sie sind und ob sie unsere Erwartungen erfüllen oder nicht. Dies führt zu einer Toleranz, indem wir Dingen, Situationen und Menschen erlauben zu sein, wie sie sind! Wir entlassen sie in die Freiheit, was uns selbst wiederum befreit von Beurteilung und innerem Dialog.

Toleranz gegenüber dem Verhalten von anderen in diesem Sinne ist nicht ein „Entweder – Oder", sondern ein „Sowohl – als auch". Es kann dies sein, aber es kann auch etwas anderes sein. Spüren Sie die Freiheit darin?

Es ist noch nicht die Freiheit der Non-Dualität, aber es ist ein Weg dorthin! Es ist ein Abstand gewinnen, ohne ein Rückzug zu sein! Dies wiederum bewahrt uns vor Energieverlust und hält uns den Weg frei für alle die Umstellungsprozesse in unserem Inneren!

Bedenken Sie noch einmal:
In diesem ganzen Prozess sind Sie der wichtigste Mensch in Ihrem Leben! Seien Sie achtsam mit sich! Seien Sie aufmerksam gegenüber sich selbst und Ihren Bedürfnissen! Achten Sie auf sich und Ihre biologischen und seelischen Rhythmen! Seien Sie gut zu sich! Wertschätzen Sie sich! Gönnen Sie sich in Abständen Wohltaten wie zum Beispiel Massagen, Wellness in jeder Form, machen Sie sich auch mal selbst ein Geschenk Ihrer Wahl.

Es ist eine zerbrechliche Zeit, aber ebenso auch die machtvollste Zeit, in der wir jemals gelebt haben. Es gibt beglückende Momente, wo das neue Bewusstsein sehr greifbar und spürbar wird, dann gibt es wieder Momente, wo wir in alte Muster hineinfallen, die dann umso beklemmender sind, da der Geschmack der Freiheit und des Seins schon so nahe war. Schätzen und lieben Sie den ganzen Prozess und das unglaubliche Potenzial, welches sich in Ihnen langsam zu öffnen beginnt! Je mehr es Ihnen gelingt, nondualistisch zu sein, hinter der kleinen Mauer zu stehen, objektiv zu bleiben, nicht zu ur-teilen, keinen inneren Dialog zu führen, desto mehr kann Ihr wahres Selbst durchdringen und desto mehr werden Sie in Beziehung zu sich selbst kommen.

Hier ist es nun wichtig zu verstehen, dass Sie aufgrund dieses Ausstiegs aus dualistischen Verhaltensweisen auch immer sensibler und empfindsamer werden. Das heißt, Sie erkennen jetzt oft die Muster, in welchen Menschen sich bewegen. Dies kann bedrückend und hoffnungslos auf Sie wirken. Auch dies muss losgelassen werden. Legen Sie viel Aufmerksamkeit auf diese Tatsache. Denn es ist sehr leicht, sich von diesem Muster gefangen nehmen zu lassen, was zu weiteren Verstrickungen führt, und dann müssen Sie sich immer wieder erst davon befreien, bis Sie wieder in Ihrer eigenen Mitte stehen!

Fangen Sie nicht an zu diskutieren, zu missionieren und aufzuklären. Seien Sie einfach selbst ein lebendes Vorbild. Diese „freie Energie" zieht dann Menschen an, die bereit sind und auf der Suche sind. Dann spüren Sie, wo Sie aufklärend eine Unterstützung anbieten können! Mehr ist nicht zu tun!

TEIL III

Je mehr Sie demzufolge empfindsam werden für energetische Schwingungen in Ihrem Umfeld und bei Menschen, denen Sie begegnen, ist es wichtig zu wissen, dass es vorkommen kann, dass Sie unerlöste Energien aus der Umgebung anziehen, diese aufnehmen und dann über Ihren Organismus eine Reinigung derselben vornehmen. Bedenken Sie dann: Es hat nichts mit Ihnen zu tun! Das schafft Abstand und so lernen Sie auch im Laufe der Zeit, wie Sie damit am besten umgehen können. Auch hier gilt Loslassen, Geschehenlassen, Akzeptieren, Tolerieren, Durchgehen!

Denken Sie daran, wie viele Strapazen hat man vor einigen Jahrhunderten auf sich genommen, um in die Neue Welt zu gelangen. Wie mühsam waren die Seereisen, wie karg und schwer der Anfang eines neuen Lebens!
Nicht anders ist es hier. Der Übergang kann wirklich oft sehr schwierig erscheinen. Doch es gibt kein Zurück mehr!

Manche Schwierigkeiten liegen auch darin begründet, dass wir in diesem Leben eine bestimmte Sichtweise uns angeeignet haben, während in einem früheren Leben genau das Gegenteil für uns Priorität hatte. Wenn solche konträren Paradigmen, alten Schwüre und Glaubenssätze auftauchen, so kollidieren sie mit den heute für uns gültigen gegenteiligen Ansichten und Überzeugungen, was enorme Anspannung mit sich bringt.

Hier hilft es uns, die erwähnte Atemtechnik durchzuführen. Kommen wir damit über den Punkt der höchsten Anspannung hinaus und wird diese gelöst, dann befreit sich ein riesiges Potenzial an neuer Energie, die wir dann ins Leben integrieren können. All dies ist wichtig zu wissen und zu verstehen.

Eine weitere Schwierigkeit kann darin liegen, dass wir auf dem Weg des Ausstiegs aus der Dualität wunderbare Fortschritte machen, dass wir immer besser die Oberherrschaft des Verstandes entlassen und die Wahrheit aus unserem Inneren mehr und mehr hervortreten kann, jedoch: Die Welt will uns nicht gehen lassen! Sie hält an uns fest! Die Familie, Freunde usw. fühlen an uns diese energetische Veränderung und empfinden dies als „Gefahr", energetisch nicht mehr von uns versorgt zu werden. Hier gilt es, in der eigenen Mitte zu verbleiben und den Weg kontinuierlich weiterzugehen. Dies führt letztlich dazu, dass auch andere diesen Weg beschreiten werden.

TEIL III

Die neue Energie

Je mehr wir aus der Linearität der Dualität aussteigen, umso mehr lockert sich der feste Griff der Materie und umso mehr nähern wir uns einem **geistigen Energiefeld**, welches ein riesiges Potenzial an Möglichkeiten für uns bereithält.

> Dreißig Speichen treffen die Nabe.
> Die Leere dazwischen macht das Rad.
>
> Lehm formt der Töpfer zu Gefäßen.
> Die Leere darinnen macht das Gefäß.
>
> Fenster und Türen bricht man in Mauern.
> Die Leere da mitten macht die Behausung.
>
> Das Sichtbare bildet die Form eines Werkes.
> Das Nicht-Sichtbare macht seinen Wert aus.
>
> (Laotse, Tao Te King)

Zum Verständnis dessen hier einige Zitate aus wissenschaftlich berufenem Munde:

„Innerhalb der kleinsten Einheit, dem Atom, bewegen sich die Materieteilchen, Elektronen, Neutronen, Protonen usw., tongesetzmäßig um den Kern herum. Im allerinnersten Bereich, im fast „Nichts" aber befindet sich der geistige Bereich, das ganze geistige Potenzial des Schöpfers." (Walter Schauberger)

„*Realität ist Schein, einzig das Imaginäre (Unsichtbare) ist konkret! Das Verursachende ist dabei der Geist.*" (Jean E. Charon)

„*Naturkonstante: Um ein Teil Materie in sichtbarer, greifbarer Form zu bilden, sind ca. eine Milliarde mal mehr Energieeinheiten notwendig.*" (Nobelpreisträger Carlos Rubbia)

„*Die moderne Quantenphysik hat entdeckt, dass jedes Atom der Materie eigentlich zu 99 % nur aus Leere und Energie besteht. Der eigentliche Hintergrund der Wirklichkeit ist nicht materieller Art, sondern ist geistiger Art. Also für mich ist der Kosmos erst einmal etwas Geistiges ...*
Im Grunde gibt es Materie gar nicht. Jedenfalls nicht im geläufigen Sinne. Es gibt nur ein Beziehungsgefüge, ständigen Wandel, Lebendigkeit. Wir tun uns schwer, uns dies vorzustellen. Primär existiert nur Zusammenhang, das Verbindende ohne materielle Grundlage. Wir könnten es auch Geist nennen. Etwas, was wir nur spontan erleben und nicht greifen können. Materie und Energie treten erst sekundär in Erscheinung, gewissermaßen als geronnener, erstarrter Geist", so der Quantenphysiker Hans-Peter Dürr.

Wenn wir uns bewusstseinsmäßig in diesem geistigen Feld befinden, so ist dies unabhängig vom physischen Gehirn!
Hier nochmals der Hirnphysiologe und Nobelpreisträger C.Eccles:

„*Geist und Gehirn sind unabhängige Komplexe, die irgendwie in Wechselwirkung stehen. Es gibt aber eine Grenze, über die eine Wechselwirkung in beiden Richtungen stattfindet, die man sich als Fluss von Information, nicht von Energie vorstellen kann. Der Geist ist kein Teil der Materie-Energie-Welt, sodass kein*

TEIL III

Energieaustausch mit der Transaktion verbunden sein kann, sondern nur Informationsfluss. Und dennoch muss der Geist dazu fähig sein, das Muster der Energieprozesse in den Gehirnmodulen zu verändern. Es ist schwer verständlich, wie der ichbewusste Geist mit einer so enormen Komplexität modularer Raum-Zeit-Muster in Beziehung stehen kann."

Im „normalen" Bewusstseinszustand sind wir in der Linearität der Dualität in unserer dreidimensionalen Welt mit unserem Verstand (Großhirn) identifiziert und denken und handeln daraus.

Wenn eine Verschiebung von dieser Ebene auf die geistige Ebene stattfindet, bewegen wir uns in einen geistigen Bewusstseinszustand von Mehrdimensionalität hinein, welcher außerhalb von Zeit und Raum lokalisiert ist. Dies geschieht jedoch stufenweise.

In diesem geistigen Bewusstseinsbereich haben wir direkten Zugang zu einem Energiefeld, in welchem der Geist mit seinem freien Willen wählen kann. Hier hat er die Möglichkeit, in dem riesigen Potenzial, welches dort latent ruht, schöpferisch tätig zu werden. Das heißt, das „Wollen" des Geistes aktiviert ein bestimmtes Potenzial, welches dann zur Verwirklichung drängt. Dies ist der eigentliche „freie Wille", welcher uns gestattet, Mitschöpfer zu sein. Es ist nicht der „gebundene Wille" des Verstandes.

Bewusstseinsmäßig bewegen wir uns zurzeit noch in einer Linearität, die der Zahl 2 entspricht, wir denken in einem System von Ursache und Wirkung.

In der modernen Informationstechnik benützen wir auch ein Dualsystem, einen Binärcode, einen Code, mit dem Nachrichten durch Sequenzen von genau zwei verschiedenen Symbolen, beispielsweise 0 und 1, dargestellt werden.

Beispiel

Zahlen 0 bis 16 im Dualsystem:
null: 0, eins: 1, zwei: 10, drei: 11, vier: 100, fünf: 101, sechs: 110, sieben: 111, acht: 1000, neun: 1001, zehn: 1010, elf: 1011, zwölf: 1100, dreizehn: 1101, vierzehn: 1110, fünfzehn: 1111, sechzehn: 10000

Die „**alte Energie**", die Energie der Dualität, ist eine Schwingungsenergie (plus und minus), es sind immer zwei Gegenteile, es sind Energiewellen von Auf und Ab, Hoch und Tief, Vorwärts und Rückwärts. Diese Energie der Dualität besteht aus zwei einander entgegengesetzten Energien, manchmal nähern sie sich, manchmal vertauschen sie die Rollen miteinander. Dies setzt sich auch im Psychischen fort, wir haben unsere Hochs und Tiefs, unsere Vergangenheit und unsere Zukunft.

Die neue Energie, die auf die Erde und ihre Bewohner einströmt, ist eine Energie der 4, eine Ausdehnungsenergie.

„Neue Energie" bedeutet nicht, dass es einfach nur die alte oder vorherige Energie war, die dann ihre Gestalt und Form geändert hat und ihre energetischen Eigenschaften.

Bei der neuen Energie handelt es sich um vier Wellenmuster, hoch und tief, rechts und links. Sie alle haben die Tendenz, sich miteinander zu vermischen und sich zu überschneiden, was wiederum hilft, die Wahrnehmung auf der psychischen Ebene zu löschen, dass die Tiefs der dualen Welle „schwierig" und die Hochs „euphorisch" sind. Denn die neue, seitwärts verlaufende Welle bringt Balance. Das ist die neue Energie. Die Welt der Dualität wird um eine völlig neue Dimension, um ein absolut neues Element erweitert! **Dies steht in direktem Zusammenhang mit dem neuen Bewusstsein!**

Beim Eintauchen in die Stofflichkeit und bei zunehmender Identifikation mit dem Körper und der Materie, ist auch die Verbindung zur geistigen Schöpfungsebene immer weniger geworden. Schauen wir uns um in Wirtschaft, Politik, Kunst, Literatur, Ökologie, Ökonomie, das Hauptbewusstsein in allen Bereichen ist diesseits orientiert und ohne Geistigkeit.
Hier, in dieser dreidimensionalen Ebene, beim Verlust des Anschlusses an die geistige Ebene, ist die Energie begrenzt. Sie wird immer nur hin- und hergeschoben zwischen Fülle und Leere, Macht und Ohnmacht, Schwarz und Weiß, Reichtum und Armut ...
Und es geschieht Energieraub im mitmenschlichen Zusammensein.
Je mehr Menschen jedoch wieder Kontakt bekommen zu ihrer Geistigkeit, desto mehr öffnen sich die Schleusen und buchstäblich neue Energie kann mehr und mehr in unsere Stofflichkeit hier einfließen.

Bis vor kurzer Zeit war es so, dass es einfach nur ein bestimmtes Maß an Energie gab. Und sie hat einfach immer wieder ihre Gestalt, ihre Erscheinungsform und ihren Namen geändert. Aber in diesen letzten Jahren wurde dieses Element der

neuen Energie eingebracht, bedingt durch die Veränderung des Massenbewusstseins, durch die Veränderung des Erdmagnetgitters und durch den Druck des zunehmend einströmenden Lichtes.
Sobald wir mit dieser Energie arbeiten, wird sich alles verändern. In der Wirtschaft, in der Kunst, im Geldsystem, in der Ökologie ...

Es gibt bereits Forscher und Wissenschaftler, die sich auf der physischen Ebene mit dieser neuen Energie der 4 beschäftigen. Wie z. B. Stephen Wolfram, der darüber ein Buch, „A new kind of science", geschrieben hat, welches sehr viel Interesse hervorgerufen, aber auch einige Kontroversen ausgelöst hat.[28] Die Essenz der Forschung, die darin beschrieben wird, ist Folgendes:

Wenn zu drei bestehenden Elementen oder Zellen, wie er sie nennt, mit jeweils unterschiedlichen energetischen Eigenschaften ein viertes Element hinzugefügt wird, dann entsteht eine ganz neue Art von Energie. In dieser Forschungsarbeit wird aufgezeigt, wie die Grundmuster der Natur erschaffen werden. Die Rede dort ist von bestimmten Energiesequenzen und wie sie funktionieren. Immer liegt dabei die Energie der 4 zugrunde und immer ist es ein Element, welches die anderen drei beeinflusst.

Dass solche neuen Erkenntnisse zeitgemäß auftreten, entspricht der Synchronizität (Gleichzeitigkeit) und Analogie in diesem neuen Evolutionszyklus. Diesbezüglich wird es weitere Quantensprünge auf allen Ebenen geben.

TEIL III

Aber hier wird die Dualität auch in der Wissenschaft sich mit aller Macht erst mal versuchen festzuklammern. Sie will keine Veränderung. Sie wird hin und her springen zwischen dem Althergebrachten und dem befremdend Neuen. Sie wird hin und her springen zwischen dem Wunsch frei zu sein und dem Verlangen nach Festhalten.

Wir stehen vor einem Paradigmenwechsel und die Zeit für einen Wandel ist gekommen. Die Größenordnung der zu erwartenden Veränderungen ist immens. Das ganze Universum erlebt eine Schwingungsanhöhung. Es wird immer nötiger, dass so viele Menschen wie möglich sich aktiv für diesen Aufstiegsprozess entscheiden.

Diejenigen, die dafür noch nicht bereit sind, werden sich in der Zukunft einem zunehmenden Spannungsdruck ausgesetzt fühlen und werden Schwierigkeit haben, mit der Zeit und ihren sich immer schneller entwickelnden Prozessen Schritt zu halten.

Das neue Bewusstsein

Ich habe versucht, Ihnen über die verschiedenen Kapitel des Buches hinweg klar zu machen, dass der erste Schritt, der zu gehen ist, um in das neue Bewusstsein eintauchen zu können, ein Schritt des Erkennens dessen ist, wo wir uns befinden. Das heißt, sich bewusst zu werden, welche Macht auf Erden unser bisheriges Bewusstsein massivst beeinflusst und eingeschränkt hat. Es ist diejenige Macht, die sich – in welchen Bereichen auch immer – der Verstandesherrschaft verschrieben hat mit den Auswüchsen von Machtansprüchen, Glaubensdogmen, Abhängigkeiten, Manipulationen, Lug und Trug. Durch die zunehmende Abkoppelung von unserem geistigen Ursprung haben wir uns diesen Einflüssen willig geöffnet und haben vergessen, welches Potenzial und welche schöpferischen Fähigkeiten in uns selbst liegen. Es bestand die Gefahr, dass durch ein kontinuierliches Weitergehen auf diesem Wege die Erde und ihre Bewohner die in der Offenbarung des Johannes beschriebene Apokalypse zu erwarten hatten.

„Wo aber Gefahr ist, wächst das Rettende auch ..."
(Patmos von Hölderlin).

Am Kulminationspunkt der höchsten Gefahr ist eine Wende eingetreten. Jetzt befindet sich die neue Realität in einem Geburtsstadium.

Bis diese neue Realität und mit ihr zusammen das neue Bewusstsein sich etabliert haben, erleben wir „Apokalypse" in unserem Inneren. Wir erleben innerlich eine gewisse Endzeit. Denn mit jeder Veränderung, die wir an uns durchführen,

TEIL III

indem wir Dualität in all ihren vielen Formen gehen lassen, verändern sich auch die Dinge um uns herum. Das hängt mit der magnetischen Anziehung zusammen.

Wenn wir bewusst erlauben, dass eingefahrene Sichtweisen, einschränkende Beurteilungen und Verhalten anderen gegenüber sich verabschieden dürfen, so machen diese Platz für Neues. Davor ist eine gewisse Leere, ein Identitätsverlust, während dessen wir uns nicht festlegen sollten, bis aus unserem Inneren selbst Antworten hervortreten.

Das Wort Apokalypse kommt aus dem griechischen *apokalypsis* und bedeutet Enthüllung.
Dies können wir verstehen als „Lüften des Schleiers". Es ist der Schleier, der uns von unserem wahren Selbst trennt. Es ist der Schleier, der uns vom Bewusstsein der höheren Ebenen und deren Bewohner trennt. Dieser Schleier wird gelüftet, sobald die Reinigung fortschreitet. Dann haben wir Zugang zu unserer eigenen Geistigkeit.

In diesem Bewusstsein ist alles anders:

„Deshalb werdet geistig! Frei von allen irdischen Gedanken und ihr habt die Wahrheit, werdet in der Wahrheit sein, um euch, von ihrem reinen Licht dauernd überstrahlt, darin zu baden; denn sie umgibt euch ganz. Ihr schwimmt darin, sobald ihr geistig werdet. Dann braucht ihr nicht mehr Wissenschaften mühsam lernen, braucht keine Irrtürmer zu fürchten, sondern habt auf jede Frage schon die Antwort in der Wahrheit selbst, noch mehr, ihr habt dann keine Fragen mehr, weil ihr, ohne zu denken, alles wisst, alles umfasst, weil euer Geist in reinem Lichte, in der Wahrheit lebt!"[2]

Das neue Bewusstsein

Es ist ein Quantensprung von unserem bisherigen Bewusstsein im Bereich der verstandesgebundenen Dualität in ein einheitliches Bewusstsein, welches außerhalb oder über dem Begriff von Raum und Zeit und Dualität beheimatet ist.
Im Beginn des Prozesses wird dieses neue Bewusstsein nur ganz zart da und dort durchschimmern. Es wird wie ein Déjavu-Erlebnis sein ... es ist, wie wenn man sich gerade an etwas erinnert, das man immer schon gekannt hat.

Wir wissen aus der Wissenschaft der Neurobiologie, dassbestimmte „übersinnliche" Zustände wie Samadhi, Nahtoderfahrungen, außerkörperliche Erfahrungen, Zukunftsvisionen, Hellsehen etc. mit der Produktion von ganz bestimmten psychoaktiven Substanzen, den sog. Neurotransmittern einhergehen, die unser Gehirn produziert.

Wir wissen dies auch durch die Erforschung von Drogen, also Substanzen, die bestimmte Stimmungslagen in uns zur Auslösung bringen, welche über die normale Sinneserfahrung hinausgehen.
Zunehmend erkennen wir aber auch, dass elektromagnetische, magnetische und elektrische Felder einen gleichen bis ähnlichen Einfluss auf unsere Neurochemie haben.
Ganz klar erwiesen ist dieser Einfluss auf unsere Stimmungsund Bewusstseinslage bei hoch aktiven, magnetischen Stürmen, die von der Sonne ausgehend auf unser Erdmagnetfeld verzerrend einwirken.

Wir können davon ausgehen, dass der neue Evolutionszyklus durch starke magnetische Felder und energetische Beeinflussung unserer Neurobiologie ebenso gewisse Substanzen in unserem Körper erzeugen wird, sodass wir durchaus auch von einem neuen Bewusstsein sprechen können, welches von außen durch kosmische Beeinflussung initiiert wird.

Die „neuen Kinder", die mit so außergewöhnlichen Fähigkeiten inkarnieren, haben diese neuen Energien bereits in großem Maße in ihrem körperlichen System schon integriert.

Im Bereich der Dualität gibt es Vergangenheit und Zukunft. Im neuen Bewusstsein erleben wir, dass Zeit eigentlich stillsteht, nur wir bewegen uns in der Zeit, in der alles gleichzeitig ist. Das Loslassen von Vergangenheit, von alten Denk- und Verhaltensmustern, das Loslassen der Identifikation mit unserer jetzigen Inkarnation, das Loslassen von Aspekten unserer früheren Leben, das Loslassen vom Beurteilen, vom inneren Dialog, von Erwartungen, alles dies führt, wie schon erwähnt, in eine Leere, welche Zufahrtswege zu diesem neuen Bewusstsein öffnet. Es ist das Raupenstadium der Verpuppung, und während das Leben weitergeht, spielen sich in uns und in unserem Körper mannigfaltige Veränderungen ab, in Vorbereitung des zukünftigen Schmetterlings. Lebt die Raupe in der 2. Dimension und kennt nur Fläche, so ent-„faltet" sie sich nach Beendigung des Verpuppungsstadiums in die 3. Dimension und lebt nun im Raum, in dem sie sich frei bewegen kann. Ähnlich verhält es sich bei uns:
Haben wir den Prozess der Reinigung hinter uns, so befinden wir uns ebenfalls in einer neuen Dimension. Diese können wir uns in der jetzigen Dreidimensionalität nicht vorstellen.

Das neue Bewusstsein

Und diesen ganzen Prozess der Verschiebung unseres Bewusstseins können wir im Hier und Jetzt bewusst unterstützen. Diejenigen, die dazu nicht bereit sind, werden spätestens dann „gewaltsam" aufgerüttelt, sobald die Tatsache, dass wir von galaktischen Raumbrüdern und -schwestern besucht werden, allgemein bekannt wird und dies die Grundfesten bisheriger Meinungen zum Einstürzen bringen wird. Damit werden viele Fragen auftauchen und weitere Glaubenssysteme und festgefahrene Paradigmen werden ins Wanken kommen.

„Ich habe einen Freund, der ist Physiker im Teilchenbeschleuniger in Cern. Er sagte mir, ich verstehe die Physik nicht mehr ... Worauf ich ihm antwortete: Und ich verstehe die Theologie nicht mehr. Und genau dies schafft die Offenheit für einen fruchtbaren Dialog und eine fruchtbare Diskussion!" (Jörg Zink, evangelischer Theologe)

Für einige jedoch kann es so schwierig sein, dass sie es bevorzugen, diesen Planeten zu verlassen. Manche, die sich bis jetzt noch recht stolz „Materialisten" nennen, werden im Abseits stehen und es wird sich immer deutlicher zeigen, dass „Materialist" zu sein ein Zeichen für verkümmertes Gehirn ist.

TEIL III

Erschaffen im neuen Bewusstsein

Es gibt zurzeit viel Literatur, die sich mit Themen wie positive Affirmationen, Bestellungen im Universum, Imagination, Wünschen, positivem Denken etc. beschäftigt. Sie alle beinhalten gewisse Vorgaben und sind Hilfsmittel im Bereich der Dreidimensionalität und können dort entlastend wirken, wenn sich die „negative" Seite der Dualität mal wieder in unserem Leben zu sehr ausgebreitet hat.
Auf dieser Ebene haben sie ihre Berechtigung und können **Energie verschieben.**
Auf dieser Ebene können wir auch erleben, wie die Umwelt auf unsere Gedanken, Wünsche, Vorstellungen usw. reagiert, indem sie uns diese widerspiegelt. Aber da unsere Gedanken, Wünsche, Vorstellungen wiederum Resultate unserer Ansichten, Glaubenssysteme, Meinungen und Paradigmen sind, werden die Ergebnisse sich aus diesem Raum letztlich **nicht wirklich befreien können.**

Erschaffen in der neuen Energie und im neuen Bewusstsein spielt sich auf einer völlig anderen Ebene ab!

Ein Quantenphysiker würde hier von einer „Quantenebene" sprechen.
In diesem neuen Bewusstsein erschaffen wir ohne Vorgaben!
Im neuen Bewusstsein treffen w i r selbst eine Wahl ganz b e w u s s t mittels der Absicht. Absicht hat nichts mit Wünschen zu tun!

Der Zugang zu diesem Bewusstseinsfeld geschieht im Hier und Jetzt! Nur dort haben wir die Möglichkeit, in die Korridore der Zeit einzutreten. Im Hier und Jetzt stehen wir in unserer **Mitte**. Von dieser Quelle aus, aus dieser Verankerung im **Jetzt** können wir uns ausdehnen. Nicht durch Kraft, nicht durch Anstrengung, nicht durch Gedanken.

In der neuen Energie ist die Energie keine Kraft, da eben kein Wille des Verstandes und kein Druck und keine Anstrengung erforderlich sind. Die neue Energie und das neue Bewusstsein sind keine Kraft, sondern ein **Seinszustand**.

Wird eine Kraft eingebracht, so entsteht dazu immer eine gleich starke Gegenkraft. Das ist das Spiel der Dualität. Im Zustand außerhalb der Dualität ist reines Bewusstsein und dieses selbst ist gefüllt mit Erfülltsein!

In diesem Feld, welches über die materielle Energie hinausgeht, über die Ebene der Atome, der Protonen, der Neutronen und der Elektronen und all der anderen Dinge, die selbst nur eine Reaktion auf dieses Feld sind, in diesem geistigen Feld existieren **alle** Potenziale, die durch „Absicht" erweckt werden können. Diese Absicht des Bewusstseins erzeugt Energiewirbel, die im geeigneten Moment, also zum bestmöglichen Zeitpunkt, in der „Realität" zum Ausdruck gelangen. Und zwar auf eine Weise, die keine Agenda, keine Vorstellung, keine Imagination beinhaltet (frei von Glaubensvorstellungen, Meinungen, Paradigmen) – denn allein durch die **Absicht** bewegen sich die Potenziale in eine für uns optimale Weise, die wir uns eben nicht vorstellen können, wenn wir von dieser Ebene aus eine Wahl treffen! **Das ist der Weg des Erschaffens!**

TEIL III

In diesem Bewusstseinsfeld sind wir uns auch dessen bewusst, dass wir nicht der Körper sind, sondern einen Körper haben, dass wir nicht auf diese unsere Identität in diesem Leben beschränkt sind und dass wir mehr sind als die verschiedenen Aspekte, die wir jetzt und in anderen Lebzeiten dargestellt haben. Wir brauchen keine Kraft, um Veränderung und Kreativität herbeizuführen.

Das bedeutet: **Wir treffen eine Wahl und äußern diese als Absicht** und dann wird diese losgelassen und freigelassen! Sie wird sich nun selbsttätig ihre Wege durch die Wellenmuster der Energie hindurchschaffen und magnetisch das Entsprechende in unsere Nähe transportieren.
Dieser Moment bedarf dann unserer Aufmerksamkeit, das heißt, zu erkennen, wann eine „Lieferung eintrifft". Diesbezüglich gilt es, wachsam zu sein! Achten Sie dabei auf Ihre erste und spontane Intuition, auf Ihre Empfindung! Und dann dürfen und müssen Sie natürlich in Aktion treten!

Beispiel: In diesem Bewusstsein erklären Sie die Absicht, Liebe in Ihrem Leben einzulassen und zu erfahren.
Dann lassen Sie los, ohne Agenda, ohne eine bestimmte Person damit in Verbindung zu bringen, ohne Kontrolle, ohne Vorstellung! Dann werden Sie erleben, dass Liebe in der neuen Energie unabhängig ist von einer anderen Person, dass sie in Ihnen erblüht und dafür zusätzlich Auslöser im Außen erscheinen können. Dies wiederum erfordert Ihre Aufmerksamkeit. Dieses neue Verständnis von Liebe geht über die Worte hinaus. Es ist das Loslassen und Freigeben der Dualität, es ist k e i n e Agenda. Es sind keine Hochs und Tiefs damit verbunden. Es geht um Ausdehnung!

Beispiel: Sie erklären die Absicht, mehr Freiraum für Ihren Aufstieg zu benötigen, zeitlich und finanziell. Dann lassen Sie los, Sie habe **keine** Agenda über einen neuen Job oder was auch immer! Keine Vorstellung, keine Kontrolle. Dann gehen Sie hinaus ins Leben, um mit den nun auftretenden Synchronitäten zu interagieren. Synchronizität ist ein Begriff, den der Psychoanalytiker Carl Gustav Jung geprägt hat. Synchronizität bezieht sich auf Ereignisse, die kausal (nach dem Prinzip von Ursache und Wirkung) nichts miteinander zu tun haben, jedoch fast zeitgleich auftreten. Synchronizität ist nicht in der Dualität beheimatet, steht außerhalb von Ursache und Wirkung, ist im Allgemeinen das, was wir unter „Zufall" verstehen, da wir die dahinterliegende Gesetzmäßigkeit noch nicht erkennen. Synchronizität ist ein Resultat der Mehrdimensionalität und hat ihren Ursprung im Geistigen.

Jetzt erleben Sie „synchronistisches Leben". Das heißt, jetzt wird – unabhängig davon, wann und wie! – magnetisch alles in Ihr Leben angezogen, was dieser ursprünglichen Absicht entspringt und diese erfüllt!

Noch ein einfaches Beispiel möchte ich Ihnen vermitteln. In diesem ganzen Aufstiegsprozess ist es oft recht schwierig, den Anforderungen eines gewöhnlichen Alltags gerecht zu werden. Das kann dazu führen, dass wir morgens größte Mühe haben, Ja zum Leben und zum kommenden Tag zu sagen. Dann sagen Sie beim Aufwachen bewusst JA zumLeben und erklären Sie bitte die Absicht, einen wundervollen Tag zu erleben, ohne Vorgaben Ihrerseits! Dann stehen Sie auf und Sie w e r d e n einen wundervollen Tag erleben!

TEIL III

"... sie säen nicht, sie ernten nicht, und der himmlische Vater ernährt sie doch." (Bibelzitat)

Wir säen nicht bedeutet: Der Verstand stellt hier keine Bedingungen, macht keine Einschränkungen, benutzt keine Kontrollmechanismen.

Wir ernten nicht bedeutet: Wir haben keine Gegenkraft zu erwarten.

Und der himmlische Vater ernährt uns doch bedeutet: Ohne Agenda, ohne Vorstellung des Wo, Wie und Wann, ohne Kraftanstrengung ernten wir, was der ursprünglichen Absicht entspricht.

Wenn diese synchronistischen Ereignisse passieren, dann wissen Sie, dass Sie selbst diese erschaffen haben. Es bedeutet, dass alles, wirklich alles zu uns kommt, was wir brauchen, und zwar auf dem für uns bestmöglichen Weg!

Hier noch ein sehr wichtiger Hinweis!

Es kann vorkommen, dass durch eine bestimmte Absichtserklärung im Zuge des Geschehens ein uraltes Muster der Dualität in Ihnen erweckt wird und auf diese Weise hoch kommt und dadurch leicht zum Ablegen gebracht werden kann, da dieses Muster der ursprünglichen Absicht entgegenläuft und deren Verwirklichung behindern würde. Das heißt, durch Ihre Absichtserklärung wird gleichzeitig dasjenige Hindernis aktiviert, welches in Ihrem Unterbewusstsein der Erfüllung dieser Absicht entgegensteht. Das kann unangenehme seelische oder körperliche Empfindlichkeiten auslösen. Es ist wichtig, dies zu verstehen, denn das ist vorübergehend.

Annehmen, akzeptieren, loslassen! Danach wird sich die ursprüngliche Absicht ohne Agenda, ohne Vorstellung, ohne Kontrolle einstellen!

Es gibt dafür keine Regeln und keine Einschränkung. Dies zu erleben ist so faszinierend und jenseits unserer bisherigen Erfahrungen, dass es sehr leicht möglich ist, dass der Verstand, der ja bisher gewohnt war die erste Geige zu spielen, so perplex ist, dass er versuchen wird, die „geschenkten" Absichten wieder unter seine Kontrolle zu bringen.

Deshalb gilt es, gewisse Mechanismen zu erkennen. Dafür beachten Sie bitte Folgendes:

1. Ablenkung
2. Übersetzung
3. Bestätigung
4. Wahrnehmung

Ablenkung: Erleben Sie diese wunderbaren Synchronizitäten in Ihrem Leben (allgemein „Zufall" genannt), so kann es sein, dass die Gedanken das Unglaubliche einordnen, kontrollieren, verstehen wollen. Irgendein Satz, ein Wort, ein Verhalten trickert dann u. U. noch ein Muster der Dualität und schon entstehen Zweifel, Ablenkung! Diese unsere Fähigkeit des Erschaffens aus einer Geistesreife heraus hat nichts mit der bisherigen Verstandesreife gemeinsam. Der Verstand will wieder **Bestimmender** werden, will Kontrolle. Der Geist jedoch ist **Ausführender**, sein Attribut ist vollkommenes **Vertrauen!**

Übersetzung: Das Alltagsbewusstsein macht einen Quantensprung weg vom Verstand und hin zum Geist. Vom Geistigen aus empfängt es Eingebungen, Einblicke, Offenbarungen und Intuitionen, unter Umständen in einer Fülle, für die es noch keine Wege gibt, diese „herunterzuladen". Das ist mit Übersetzung gemeint. In dieser dreidimensionalen Welt müssen wie bei einem Computer die alten Programme erst gelöscht werden, bevor ein neues Programm installiert werden kann. Anfangs laufen einige Programme parallel, dies kann zu „Übersetzungsschwierigkeiten" führen. Annehmen, akzeptieren, alles wird sich regeln! Beginnen Sie damit, unkontrolliert und uneingeschränkt auszusprechen, was Sie denken und empfinden. So können die Wege geöffnet werden. Unkontrolliert und uneingeschränkt deswegen, da dann der Verstand nicht verbiegend eingreifen kann. Also spontan sein. Da solche Eingebungen aus dem geistigen Empfinden kommen, brauchen Sie keine Sorge haben damit zu verletzen, denn im Gegenteil, Sie werden damit erhellend und bewusstseinsfördernd für sich und andere wirken können!

Bestätigung: In der Dualität sind wir immer wieder auf Bestätigung angewiesen. Wenn wir diese neuen synchronistischen Erfahrungen machen, ist dies die Bestätigung selbst. Jetzt gilt es, diese nicht durch andere Menschen beurteilen zu lassen, sondern weiter sicher in der eigenen Mitte zu stehen und lediglich Beobachter zu sein. Dies mag mit vorübergehenden Gefühlen von Unsicherheit verbunden sein. Das Loslassen der Dualität ist ja gleichzeitig auch ein Loslassen von bisher gewohnten Verhaltensweisen und Sicherheiten, was Angst hervorrufen kann. Vergegenwärtigen Sie sich immer wieder, dass Sie jetzt der wichtigste Mensch in Ihrem Leben sind! Achten Sie sich, bestätigen Sie sich selbst in dem Wissen, dass Sie mehr als nur diese jetzige Identität sind. Alles vermeintlich „Verlorene" und „Losgelassene" während des Aus- und Aufstiegsprozesses wird wiederkehren, jedoch unter einem völlig neuen Gesichtspunkt. So z. B. werden dann Beziehungen geschehen rein um der Liebe willen, ohne Agenda, ohne Energie- oder Emotionsraub am anderen.

Wahrnehmung: Durch die zunehmende Lockerung der Stofflichkeiten kann es sein, dass Sie da und dort Wahrnehmungen haben, die Sie nicht zuordnen können. Es öffnen sich langsam Tore zu anderen Ebenen. Annehmen, vertrauen, loslassen. In der neuen Welt werden Farben verschieden sein und viel intensiver. Der Klang wird stärker. Sie werden Dinge hören und sehen, die Sie nie zuvor gehört und gesehen haben. Unser Verständnis von Wirklichkeit und Leben wird in eine ganzheitliche Fülle hineinwachsen, die uns seltsam bekannt erscheinen wird. Hinterfragen Sie hier die Dinge nicht und vermeiden Sie, die Wahrnehmungen „verstehen" zu wollen.

Dieser neue Prozess des bewussten Erschaffens bedarf keiner Hilfsmittel mehr.

Hier ist der Geist an der ersten, ihm zugehörigen Stelle wirksam. Treten wir dann hinaus in das Leben, so können wir jetzt die Fähigkeiten des Verstandes als Werkzeug zur Realisierung benützen.

TEIL III

Wohin die Reise geht

Der Baum der Erkenntnis von Gut und Böse steht in der Schöpfungsgeschichte, der Genesis, am **Anfang** der Bibel (Genesis 2: 16–17).

Der weitere Inhalt führt wie ein Bogen am **Ende** des Buches zum Baum des Lebens in der Offenbarung des Johannes (Offenbarung 22: 2)!

Auch in meinem Buch habe ich einen großen Bogen gespannt, vom Baum der Erkenntnis von Gut und Böse zum Baum des Lebens.

Ich gab Erklärungen und Hinweise darüber, wie der Baum der Erkenntnis durch die Fehlentwicklung einer Verstandesvorherrschaft zum Todesbaum werden kann, wenn die ursprünglich vorhandene Brücke zwischen Geist und Verstand zum Einsturz kommt. Ich habe aufgezeigt, wohin uns die Früchte dieses Todesbaumes bis heute gebracht haben und wohin letztlich die Reise führt. Nämlich entweder in einen Transhumanismus welcher die menschliche verstandliche Intelligenz übersteigen wird, oder in einen Transhumanismus im Sinne eines **neuen Bewusstseins**, welches uns zukunftsweisend die Früchte des Lebensbaumes zu kosten verheißt.

Die Reise hat verschiedene Ebenen. Sie selbst gehen auf diese Reise, indem Sie sich erst einmal von der Hypnose befreien und betrachten, wie unsere Welt, in der wir leben, funktioniert aufgrund der Ermächtigung des Verstandes mit all seinen Nebenwirkungen.

Indem Sie hier Zusammenhänge erkennen, die Symbolik des Baumes des Todes im Sinne der Dualität verstehen und beginnen, die beschädigte Brücke zwischen Geist und Verstand wieder aufzubauen. Dabei werden Sie stets bewusster empfinden, dass die Erde und ihre Bewohner sich in einem äußerst wichtigen Zeitabschnitt der Geschichte befinden. An einem bestimmten Punkt werden Sie sich dann die Frage stellen müssen:
„Bin ich bereit, mit offenen Armen und offenem Herzen einen neuen Weg zu gehen? Bin ich bereit, aus dem alten Karussell auszusteigen? Bin ich bereit, bisherige Glaubensmuster loszulassen? Und bin ich bereit, die Absicht zu äußern: zu sein, wer ich wirklich bin?"
Dann beginnt für Sie der bewusste Ausstiegsprozess aus der Dualität und der Wendepunkt kann eintreten mit dem Ziel, eines Tages (jetzt oder in einer weiteren Inkarnation, ob hier auf Erden oder anderswo) zum voll entwickelten geistigen Menschen zu erwachen und in den Genuss der Früchte des Lebensbaumes zu kommen. Dann befinden Sie sich auf Ihrer persönlichen Reise zu Ihrem wahren Selbst und es erfüllt sich der schon zitierte Satz:

„Deshalb werdet geistig! Frei von allen irdischen Gedanken und ihr habt die Wahrheit, werdet in der Wahrheit sein, um euch, von ihrem reinen Licht dauernd überstrahlt, darin zu baden; denn sie umgibt euch ganz. Ihr schwimmt darin, sobald ihr geistig werdet. Dann braucht ihr nicht mehr Wissenschaften mühsam lernen, braucht keine Irrtürmer zu fürchten, sondern habt auf jede Frage schon die Antwort in der Wahrheit selbst, noch mehr, ihr habt dann keine Fragen mehr, weil ihr, ohne zu denken, alles wisst, alles umfasst, weil euer Geist in reinem Lichte, in der Wahrheit lebt!"[2]

TEIL III

Für die Erde und ihre Bewohner geht dann die Reise in einen neuen Evolutionszyklus und in ein galaktisches Bewusstsein! Dies beinhaltet auch den oftmals von der Galaktischen Föderation angekündigten sogenannte **Erstkontakt**.

Dieser kann stattfinden, sobald das Massenbewusstsein der Menschen dafür bereit ist.

Aus diesem Grunde ist Aufklärung notwendig, damit dies baldmöglichst geschehen kann.* Das setzt voraus, dass auch auf Regierungsebene sich Neugestaltungen ergeben und die Kräfte der machtorientierten neuen Weltordnung ausgehebelt wurden.

Die Erde selbst wird noch durch viele Reinigungsprozesse gehen, bevor die NEUE ERDE Gestalt annimmt. Das Ziel der Reise ist der Beginn eines goldenen Zeitalters, einer „Neuen Weltordnung", die den kosmischen Gesetzmäßigkeiten entspricht!

Die Absicht jedes einzelnen Menschen ist hier von allergrößter Wichtigkeit! Wenn Sie sich für den Aufstieg entscheiden, indem Sie dafür eine bewusste Wahl treffen, ist dies die beste Hilfe, die Sie für sich und für das Wohl des Ganzen leisten können.

---

* Bitte studieren Sie dafür den Anhang und informieren Sie sich durch die entsprechenden dort aufgezeigten Videos.

Furcht kann sich dann bald weltweit in Freude verwandeln und wir können gemeinsam einstimmen in:

**Freude, schöner Götterfunken,
Tochter aus Elysium,
Wir betreten feuertrunken,
Himmlische, dein Heiligtum!**

Nachwort

Die Menschheit steht am Scheideweg!

Im technologischen Fortschrittswahn wurden Grenzen überschritten und Schöpfungsgesetze missachtet, mit der Folge von Verunreinigung von Wasser, Erde und Luft, Genmanipulation, Selektion, Organtransplantation und nun Künstliche Intelligenz. Diese wird die menschliche verstandesorientierte Intelligenz um ein Vielfaches übersteigen und schlussendlich versuchen diese zu übernehmen. Ein Horrorszenario. Diese Art von TRANHUMANISMUS ist letztlich einem Untergang geweiht. Der Mensch wird seine Individualität verlieren und der menschliche Verstand wird in einem Macht- und Kontrollverlust an sich selbst zerbrechen.

Über den anderen Weg hat der Mensch die Möglichkeit durch eine Wiedererweckung seiner geistigen Kräfte über seine jetzige Situation hinaus zu wachsen. Das ist der TRANSHUMANISMUS, dem unsere Sehnsucht gilt! Es geht um Bewusstsein – ein Selbst-Bewusstsein, welches von künstlicher Intelligenz niemals erreicht werden kann.

Sie lieber Leser sind angesprochen und herausgefordert, diesen Weg zu gehen. Es bedarf eines gewissen Prozentsatzes um ein Gleichgewicht entstehen zu lassen zu einem technologischen Fortschrittswahn, welcher unsere kühnsten Vorstellungen übersteigen wird. Am Anfang steht die Erkenntnis gewisser Zusammenhänge, wie im Buch erläutert. Diese führt zum Erkennen und dann zu einer Bewusstseinserweiterung

Nachwort

in welcher der GEIST wieder die erste Stelle einnimmt und der Verstand lediglich Werkzeug des Geistes ist, wie es von Anfang an schöpfungsgesetzmäßig geplant war. Dies kann zu immer mehr ERWACHEN führen, indem sich unser wahres SEIN entfalten kann und wir uns wieder den ewig gültigen Schöpfungsgesetzen unterwerfen, sodaß die Erde und die gesamte Natur einen Neuaufbau erleben kann.

Anhang

Beweise zur Wahrheitsfindung

In den folgenden Hinweisen und Dokumentationen aus dem aktuellen Zeitgeschehen geht es nicht um die Vordergründigkeit der einzelnen Themen speziell, sondern es geht um das Bewusstmachen von Machtstrukturen zum Zwecke der Befreiung unseres Bewusstseins!

25. Mai 2008
Radio Interview Rechtsanwalt Stanley Hilton/Alex Jones, Hintergründe des 11. September 2001

Anwalt Stanley Hilton

Stanley Hilton, der frühere Stabschef des republikanischen Senators Bob Dole, der Wolfowitz und Rumsfeld seit Jahrzehnten kennt, im Interview mit Alex Jones:
„Das war alles geplant. Diese Operation wurde von der Regierung befohlen. Bush hat den Befehl persönlich unterzeichnet und die Anschläge selbst autorisiert. Er hat sich des Hochverrats und des Massenmords schuldig gemacht."
Der Anwalt Stanley Hilton vertritt über 400 Angehörige von Opfern der Terroranschläge in einer Sammelklage:

Anhang

„Wir haben einige sehr belastende Dokumente sowie Augenzeugen, die zeigen, dass Bush persönlich den Befehl dafür gab, um politische Vorteile zu erzielen und um eine falsche politische Agenda der NeoCons*** und deren verirrtes Denken im Mittleren Osten zu verfolgen. Ich möchte auch betonen, dass ich mit einigen dieser NeoCons zur Schule ging.

In den späten Sechzigerjahren war ich mit Wolfowitz und Feith und einigen anderen an der Universität von Chicago, darum kenne ich diese Leute persönlich. Und wir haben ständig über diese Sachen geredet. Die Entführer waren US Undercover-Agenten. Doppelagenten, die vom FBI und der CIA bezahlt wurden, um arabische Gruppierungen in den USA auszuspionieren. Sie wurden kontrolliert. Ich werde vom Vorsitzenden Richter des Bundesgerichts persönlich schikaniert – er will, dass ich diese Klage fallen lasse, und hat damit gedroht, mich aus dem Gericht zu werfen, und das, obwohl ich bereits 30 Jahre dort bin. Ich werde auch vom FBI schikaniert. Meine Mitarbeiter wurden bedroht. In mein Büro wurde eingebrochen. Das zeigt, mit welcher Art von Regierung wir es hier zu tun haben ..."

Quelle: https://www.youtube.com/watch?v=6pXZLbrip5Y
Das ganze Interview auf englisch

*** Der Neokonservatismus ist eine konservative politische Strömung. Sie ist vornehmlich in den Vereinigten Staaten vertreten.

Anhang

Deutscher Historiker stellt 9/11-Strafanzeige

Historiker Andreas Hauß

Montag, 29. September 2008

Der Historiker und Co-Autor des Bestsellers „Fakten, Fälschungen und die unterdrückten Beweise des 11. 9.", Andreas Hauß, hat bei der Staatsanwaltschaft Offenburg Strafanzeige gegen mutmaßliche Täter der Terroranschläge gestellt, darunter zahlreiche Mitglieder der Luftverteidigung und der Bush-Administration selbst. Für den Generalbundesanwalt dürfte es schwer werden, die Ermittlungen nicht aufzunehmen, denn die Vorwürfe sind außerordentlich gut recherchiert und mit Fakten belegt. Im Interview mit Robert Fleischer schildert Hauß die Hinweise auf eine Verwicklung allerhöchster US-Stellen.

Seine Strafanzeige kommt zu einem Zeitpunkt, in dem die USA kurz davor stehen, ihre Stellung als Hegemonialmacht zu verlieren. Eine Aufklärung der Hintergründe des 11. September wird somit immer wahrscheinlicher. Die Anzeige liegt derzeit beim Generalbundesanwalt beim Bundesgerichtshof in Karlsruhe, mit dem Aktenzeichen: 6 Js 14195/08 (Offenburg).

Das vollständige Versagen der US-Luftabwehr an diesem Tag ist nur dadurch zu erklären, dass Verantwortliche an entscheidenden Stellen in diesem System am 11. September alles taten, außer ihren Pflichten zu folgen.

Hinweis: Die Inszenierung vom 11. September – Dokumentation 2017: https://www.youtube.com/watch?v=-VzFSLI7GM8

„Es ist die Theorie, die entscheidet, was wir sehen können."
(Albert Einstein)

Nachdem Sie die nächsten Seiten gelesen haben und bedenken, dass hier verschiedene hoch integere Persönlichkeiten erwähnt werden, können Sie vielleicht erahnen, was für eine unglaubliche Macht es sein muss, die es ermöglicht hat, dass wir seit über 60 Jahren einer globalen Geheimhaltung unterliegen.
Anfänglich eventuell auftauchenden, inneren Widerständen gegenüber dem folgenden Thema sollten Sie mit Gelassenheit begegnen.
Alles, was wir bisher geglaubt haben zu wissen, wird sich ändern müssen! Machen Sie sich bereit!

X-Conference, 18.–20. April 2008

Mit klaren Worten unterstrich Kanadas ehem. Vizepremier und Verteidigungsminister Paul Hellyer bei seiner Rede auf der X-Conference 2008 in Washington die Bedeutung außerirdischer Besucher für die Erde:

„Wir steuern auf die Zerstörung unseres Planeten zu und scheinen nichts dagegen zu unternehmen. Bereits vor Jahrzehnten warnten uns Besucher von anderen Planeten vor dieser Zukunft und boten ihre Hilfe an. Aber wir, oder zumindest einige von uns, interpretierten ihre Besuche als Bedrohung und entschieden, sofort zu schießen und erst dann Fragen zu stellen."

Hellyer rief das amerikanische Volk auf, sich gegen den Geheimhaltungswahn der Militärs und Geheimdienste zur Wehr zu setzen:

„Es ist Zeit für das amerikanische Volk, einen neuen Krieg zu führen gegen das Übel der Lügen, der Täuschung und der Dunkelheit, und auf die Straße zu gehen, um einen Sieg der Wahrheit, der Transparenz und des Lichts zu gewinnen."

Paul Hellyer

Hellyer war durch das Buch „Der Tag nach Roswell"[11] des hochrangigen Pentagon-Mitarbeiters Oberst Phillip Corso auf die UFO-Geheimhaltung sowie die geheimen US-Projekte zum Nachbau der geborgenen außerirdischen Technologie aufmerksam geworden. Ein hochrangiger US-General bestätigte ihm später die Authentizität der gemachten Aussagen und verriet weitere Details, die Hellyer schließlich vollends überzeugten. Seitdem setzt er sich an der Spitze der weltweiten Exopolitik-Bewegung für ein Ende der Geheimhaltung sowie eine nachhaltige Politik für unseren Planeten ein.

Offiziell hat die kanadische Regierung keinerlei Kenntnis von UFOs oder außerirdischem Leben. Erst im Jahr 2002 hatte der damalige Verteidigungsminister Kanadas John McCallum sich wegen einer berichteten UFO-Landung an das amerikanische Luftüberwachungskommando NORAD gewandt. Dort versicherte man ihm, dass kein UFO registriert wurde.

Quelle: https://www.exopolitik.org/index.php?option=com_%20content &task=view&id=161&Itemid=54

27. Jahrestreffen der Society for Scientific Exploration (SSE) in Boulder, Colorado 26. Juni 2008: (http://www.scientificexploration.org/videos/2008)

Auf dem 27. Jahrestreffen SSE in Boulder, Colorado, hielt Paul Hellyer, wiederum eine bahnbrechende und aufschlussreiche Rede:

Paul Hellyer:

„... Ich möchte mit einer Geschichte beginnen, die ich, und vielleicht auch Sie, interessant finden. Es geht um die Perspektive. Sherlock Holmes und Dr. Watson unternahmen einen Camping-Ausflug. Nach einem guten Essen und einer Flasche Wein legten sie sich schlafen. Einige Stunden später wachte Holmes auf und flüsterte zu seinem Freund: ‚Watson, schauen Sie in den Himmel und sagen Sie mir, was Sie sehen.' Watson antwortete:

Anhang

‚Ich sehe Millionen und Abermillionen von Sternen.' ‚Was sagt Ihnen das?', fragte Holmes. Watson dachte darüber eine Minute nach und antwortete: ‚Astronomisch betrachtet sagt es mir, dass es Millionen von Galaxien sind und dass es möglicherweise Milliarden von Planeten gibt. Astrologisch betrachtet habe ich festgestellt, dass Saturn im Sternbild des Löwen steht. Horologisch betrachtet würde ich sagen, dass es ungefähr viertel nach drei ist. Theologisch betrachtet kann ich sehen, dass Gott allmächtig ist und dass wir klein und unbedeutend sind. Aus meteorologischer Sicht vermute ich, dass wir morgen einen klaren und sonnigen Tag erwarten können. Was sehen Sie, Holmes?'
Holmes schwieg eine Minute lang und sagte dann: ‚Watson, Sie Idiot, jemand hat unser Zelt geklaut!'
Also, wenn man über solche Dinge spricht, kann es zu verschiedenen Wahrnehmungen kommen, abhängig von der eigenen Weltanschauung. Nun, infolge der Bekanntheit, die ich durch die zweifelhafte Auszeichnung erhielt, die erste Person mit dem Rang eines Kabinettsmitglieds aus einem der G 8-Länder zu sein, die sagte, dass UFOs real sind, so real wie die Flugzeuge, die über unseren Köpfen fliegen, lernte ich einige interessante Leute kennen, die ich sonst wohl nie kennengelernt hätte. Einer davon ist der Apollo- Astronaut Dr. Edgar Mitchell.
Er kam nach Toronto, um eine Rede zu halten, und er war interessiert daran, mich zu treffen. Meine Frau, die heute mit mir zusammen hier ist, war galant genug zu sagen, dass wir ihn zum Abendessen einladen sollten. Das taten wir dann und er kam mit seinen Begleitern und wir diskutierten drei wundervolle Stunden über seine Karriere als Astronaut, seine Epiphanie und seine tiefe, tiefe Besorgnis über die Zukunft unseres Planeten. Ich hatte das Vergnügen, mit ihm auf der X-Conference in Washington D. C., im April dieses Jahres, eine gemeinsame Plattform zu teilen. Die

Anhang

Einleitung zu seinem Vortrag war sehr interessant. Er bat darum, dass wir uns hundert Jahre in die Vergangenheit versetzen sollten. In die Zeit, als die Wright Brüder bemüht waren, ein Flugzeug zum Fliegen zu bringen. Dann wurden die Flugzeuge größer und größer. Wir hatten die DC-3, welche die Königin der Lüfte war und die ultimative Art des Luftreiseverkehrs darstellte; und dann kamen schnellere und größere Flugzeuge, Turbo-Props, Jets, Überschall-Flugzeuge und zum Schluss landeten die Menschen auf dem Mond. Das alles in einem Zeitraum von weniger als einem Jahrhundert! Also, haben Sie schon mal weiter gedacht? Denn dies ist erst der Anfang. Haben Sie schon mal daran gedacht, was in den nächsten hundert Jahren sein wird oder in den nächsten tausend Jahren? Vorausgesetzt natürlich, dass wir in der Zwischenzeit unseren Planeten nicht unbewohnbar machen, was, wie es aussieht, unser momentaner Flugkurs ist.

Das Buch von Oberst Corso[11] war ein richtiger ‚Augenöffner' für mich. Ich hatte natürlich, wie die meisten Menschen in dieser Position, als Minister für die nationale Verteidigung, Berichte über UFO-Sichtungen erhalten. Ungefähr 80 % dieser Berichte beruhten auf natürlichen Phänomenen und ungefähr 15–20 % waren unerklärlich. Aber Oberst Corsos Buch war ein ‚Auge öffner'. Und als mir ein Bekannter, ein General der US Air Force im Ruhestand, bestätigte, dass jedes Wort in dem Buch wahr ist, und noch mehr, und als ich dann mit ihm die Grundlagen und dieses noch mehr diskutierte, entschied ich, dass ich dazu etwas sagen muss.

Als Regierungsangestellter war ich einfach zu beschäftigt. Ich war verantwortlich, wie einigen von Ihnen vielleicht bekannt ist, für die Vereinheitlichung der Royal Canadian Navy, der Royal Canadian Air Force und der Royal Canadian Army zu einer einheitlichen bewaffneten, kanadischen Streitkraft. Wenn Sie nicht glauben, dass

Anhang

dies eine harte und schwierige Aufgabe ist, empfehle ich Ihnen, die Aufgabe des Secretary of Defense in Washington zu übernehmen und zu versuchen, die US Army, Navy und Air Force zu vereinheitlichen. Ich wünsche Ihnen viel Glück dabei!

Mit der Zeit wurde die Arbeit weniger, aber ich war, wie Courtney sagte, nicht überzeugt. Weder glaubte ich daran, noch glaubte ich nicht daran. Ich wusste einfach nichts darüber. Ich war viel zu beschäftigt. Dann las ich das Buch von Corso und mein Freund, der General, bestätigte mir alles. Er bestätigte eine Menge Dinge, die nicht allgemein bekannt sind und ich wollte darüber etwas lesen.

Ein UFO stürzte am oder um den 4. Juli 1947 in Roswell, New Mexico, ab. Es waren humanoide Kreaturen an Bord, als es abstürzte. Corso war zu dieser Zeit nicht an der Absturzstelle und hat den Überlebenden, der zur Air Force Infirmary gebracht wurde, nicht persönlich gesehen, wie er in seinem Buch schreibt. Später sah er jedoch einen der Leichname, der vermutlich zur Autopsie abtransportiert wurde. Das persönliche Engagement des Oberst begann erst mehr als zehn Jahre später, als er im Pentagon eingesetzt wurde und sein Chef, Generalleutnant Arthur Trudeau, ihm den Foreign Technology Desk übergab und er sich den geheimen Roswell-Akten, den Akten des abgestürzten Wracks und den aufgesammelten Teilen von der Absturzstelle in Roswell zuwenden konnte. Trudeau beauftrage ihn, eine Liste über die Dinge zu erstellen, deren Entwicklung für die US Army von Nutzen sein könnte. Dies tat er dann auch.

Die Liste, die zusammengestellt wurde, enthielt unter anderem Folgendes: Bildverstärker, die letztendlich zu Nachtsichtgeräten wurden. Ich hatte das Privileg, bei einer der ersten Demonstrationen dabei zu sein. Zu dieser Zeit wusste ich aber nicht, woher diese Technologie kam. Glasfaserkabel, welche die Telekommunikation weltweit revolutionierten; superstabile Fasern; Laser; molekulare Ausrichtung metallischer Legierungen; integrierte Schaltkreise und Mikrominiaturisierung von Computer-Hardware. Als ich darüber las, dachte ich: ‚mein Gott'. Vor einigen Jahren besuchte ich den Hauptsitz von SAC und ich wurde in den Computerraum geführt. Der Computer füllte den gesamten Raum, von einem bis zum anderen Ende, aus. Und heute, dank dieser neuen Technologien und der Gnade unserer fremden Besucher, können wir diese Kapazitäten in einer Box unterbringen, die in einen Picknickkorb passt, oder in etwas noch Kleineres. Dann war da HARP, das High Altitude Research Project; Project Horizon, die Mondbasis; tragbare, atomare Generatoren; Ionen-Antriebe, Bestrahlung von Lebensmitteln (irradiated food); ‚third-brain guidance systems', das sind die Stirnbänder, welche die EBE's trugen, um ihren Schiffen Anweisungen zu geben. Sie verwendeten keine herkömmlichen Kontrollen, es geschah alles mittels Telepathie. Partikelstrahlen, Star Wars und Raketensysteme, elektromagnetische Antriebssysteme und Geschosse mit angereichertem Uran.

Ich weise darauf hin, dass in einigen dieser Bereiche bereits Forschungsarbeit stattfand. Aber in vielen anderen Bereichen war dies nicht der Fall, weil die Technik, welche die Besucher bei ihrem Absturz zurückließen, unserer Technologie um Lichtjahre voraus war. Es ist auch bemerkenswert, dass einige von Corsos Gegnern darauf hinweisen, dass er nicht gewusst habe, was die Navy und die Air Force zur selben Zeit und an denselben Orten getan habe. Als ehemaliger Minister der nationalen Verteidigung kann ich bezeugen, dass sich die verschiedenen Bereiche untereinander häufig nicht sagen, was los ist. Sie behandeln sich mehr wie Feinde als wie Mitglieder eines Teams. Ich bin natürlich fasziniert von den technischen Fortschritten, welche wir gemacht haben. Sie bringen uns zum Grübeln, sind fast jenseits jeden Verständnisses. Aber diese Entwicklungen allein reichten nicht aus, um mich zum Sprechen zu bringen. Ich ging an die Öffentlichkeit, weil ich noch mehr fasziniert, oder sollte ich sagen besorgt, war von der intervenierenden Geopolitik und Exopolitik der vergangenen Dekaden. Dies sind zwei grundlegend wichtige Themen, über die nur schwer gesprochen oder diskutiert werden kann, wenn die offizielle Position der USA nach wie vor die ist, dass UFOs nicht existieren. Erst vor zwei Wochen hörte ich eine amerikanische Wissenschaftlerin in einer Radiosendung in Toronto über etwas sprechen, was wie ein sehr teures Projekt klang, bei dem versucht wird, irgendwo im Kosmos Planeten zu lokalisieren, die Leben beherbergen könnten. Sie vermittelte den Eindruck, dass sie noch nichts gefunden hätten, aber sie würden weitersuchen. Ich hätte am liebsten in der Sendung angerufen und gesagt: ‚Warum geht sie nicht zu einem der Menschen, die mit ihnen (den Außerirdischen) gesprochen haben, und fragt sie, woher sie kommen?' Dies ist die Art von Müll, die entsteht, wenn die linke Hand nicht weiß, was die rechte Hand macht. Aber ich schweife ab.

Ich kann die Panik der späten 1940er und frühen 1950er Jahre verstehen, als sich die US-Streitkräfte plötzlich in einer sehr ungewöhnlichen Position befanden. Sie hatten gerade herrlich dazu beigetragen, den Krieg in Europa zu gewinnen. Sie waren die ‚top dogs'. Und plötzlich waren sie mit einer Technologie konfrontiert, die weiter war als ihre eigene und sie wussten nicht damit umzugehen. Fast setzte Panik ein. Sie wussten, es war nicht von dieser Welt und sie beschlossen, auf der Grundlage, dass sie öffentlich in

Panik geraten würde, ähnlich wie bei dem Radiohörspiel ‚Krieg der Welten' von Orson Welles, welches als Halloween-Spaß gesendet wurde, es als streng gehütetes Geheimnis zu bewahren.

Ich bin sicher, dass ebenfalls die Sorge bestand, dass eine andere irdische Macht, nämlich die Sowjetunion, die gleichen Möglichkeiten hätte diese Technologien zu entwickeln und dies womöglich noch vor den USA. Dies hätte dazu führen können, dass die USA nicht mehr die dominierende, militärische Macht auf der Erde sind. Diese Angst wurde noch durch die Hinweise von Dr. Wernher von Braun genährt, die Deutschen hätten möglicherweise bereits in den 1930er Jahren Zugang zu einigen dieser Technologien gehabt. Dies veranlasste die USA ein reverse R& D Programm zu starten, welches beispiellos in der irdischen Geschichte war.

Die Geheimhaltung machte, in meinen Augen, Sinn bis zum Ende des Kalten Krieges. Es gibt keinen legitimen Grund, warum diese geheimen Operationen nicht an die Öffentlichkeit gelangen sollten, nachdem die Sowjetunion zusammengebrochen war. Die USA hatten keine anderen Feinde mit nennenswerten militärischen Fähigkeiten. Es gab keine wirkliche Bedrohung. Der große Friede hätte erklärt werden können. Aber jemand von den Geheimdiensten hat entschieden, dass eine oder mehrere der außerirdischen Spezies feindliche Absichten gegenüber der Erde hätten und dass wir die Technologien, die wir von ihnen erhalten haben, nutzen müssten, um die Erde zu einem unsicheren und unfreundlichen Ort für Besucher von anderen Welten werden zu lassen. Wenn Sie nach ‚USA Air Force Command' googeln, werden sie feststellen, dass wir uns diesem Ziel schnell nähern. Mit der Erweiterung des Raketenabwehrschildes rund um den Globus, wird die Erde immer gefährlicher für die Besucher.

Anhang

Wir haben gelernt, dass Informationsbeschaffung eine ungenaue Wissenschaft ist. Die Interpretation der Informationen hängt zu einem großen Teil von der Weltanschauung des Interpretierenden ab. Schauen Sie sich die Begründung für den Irak-Krieg an. Ich erinnere mich an die wilde, ungenaue Einschätzung der US Air Force über die sowjetische Produktion ballistischer Raketen. Diese Fehlinformation führte zu einigen sehr dummen Entscheidungen in meinem Land. Also, der Grund, warum ich an die Öffentlichkeit ging, war die reale Befürchtung, dass militärische Geheimdienste die Absichten der Außerirdischen versehentlich oder absichtlich falsch interpretiert haben. Ich verwende das Wort ‚absichtlich' im Sinne von General Eisenhowers Warnung, dass außerirdische Technologie in die falschen Hände geraten könnte. Sie hätten uns in diesen frühen Jahren zu jeder Zeit angreifen können, es gab nichts, mit dem wir sie hätten aufhalten können, außer vielleicht mit High-Power-Radarsystemen, ansonsten gab es keine Möglichkeit sie zu zerstören und sie hatten die vollständige Herrschaft über unseren Luftraum. Aber anstatt uns zu vernichten, schienen sie wirklich besorgt über unseren Umgang mit unserem Planeten zu sein, durch Abholzung, chemische Verunreinigung, Überbevölkerung, globale Erwärmung und vor allem die Erhöhung der Lagerbestände an atomaren Waffen, die in den Händen eines Verrückten dazu führen könnten, dass der Planet für, der Himmel weiß, wie lange, unbewohnbar wird.

Es war interessant, dass Corso in der Zeit, als er ‚The Day After Roswell'[10] schrieb, dieses feindliche Konzept der Außerirdischen beschrieb, später aber seine Meinung änderte. Vielleicht wurde er teilweise durch ein Gespräch beeinflusst, welches er von Angesicht zu Angesicht mit den Besuchern führte. Er war sich dessen bewusst, dass eine Landung stattgefunden hatte, nicht weit von dem Ort entfernt, wo er stationiert war und er ging hin, um dies zu untersuchen. Er ging in einen verlassenen Minenschacht und sah etwas, das aussah wie ein Schatten, aber es trug einen Helm, und er zog seinen Revolver und war bereit zum Schuss, als ihm jemand durch geistige Telepathie sagte, er solle dies nicht tun. Dann, ein oder zwei Minuten später, bekam er eine weitere, telepathische Nachricht: ‚Könnt ihr die Radars für zehn Minuten nach der green time herunterfahren?' Dies würde ihm, in der Tat, die Möglichkeit geben zu entkommen. Corso sprach zu ihm: ‚Was bieten Sie im Gegenzug?' Die Antwort lautete: ‚Eine neue Welt, wenn Sie wollen.'

Sie sind wissenschaftliche Menschen und der erste Lehrsatz der Wissenschaft ist die Suche nach der Wahrheit. Wenn es sich um kommerziell rentable Entdeckungen handelt, sollte jedes einzelne Flugzeug, militärisch oder zivil, ab morgen mit diesen Technologien hergestellt werden. Denken Sie an die Treibstoffe, die eingespart werden könnten. Ist dies die Realität? Ich weiß es nicht. Aber dies ist das Problem, wenn alles geheim gehalten wird und es fast unmöglich ist darüber zu sprechen. In welchem Umfang sind die Forschung und Entwicklung auf militärische Aspekte der Technologie zurückzuführen? Gab es Durchbrüche in anderen Bereichen, vor allem im Energiebereich, wie es die Allgemeinheit glaubt? Stehen wir auf dem falschen Ast, wenn wir für die nächsten dreißig Jahre auf Öl setzen, eine Politik, die unseren Planeten unwiderruflich verändern wird? Das sind die gewaltigen Probleme, die ganz vorne zur Debatte stehen sollten als Vorläufer zur Entwicklung von Aktionsplänen für das Überleben. Wir müssen die wahren Absichten der Außerirdischen ans Licht bringen und dies nicht durch die Filter der militärischen Geheimdienste. Und wenn sie ehrenwert sind, sollten wir in den Bereichen Medizin, Landwirtschaft und Energie, um nur einige Bereiche zu nennen, zusammenarbeiten. Einige von ihnen haben zumindest ihre Bereitschaft gezeigt dies zu tun.

Anhang

Oberst Corsos Buch erwähnt Wilbert Smith, ein Kanadier, der für das Federal Department of Transport arbeitete. Hier wurde ich Minister, nachdem ich das Verteidigungsministerium verließ. Smith war einer der frühen Gläubigen und schrieb ein Top-Secret-Memo an seinen Chef auf der Grundlage von Informationen, die er von Dr. Robert Sarbacher erhalten hatte, der eng vertraut war mit den Dingen, die in den USA vor sich gingen. Smith erhielt nicht die Erlaubnis an dem Project Magnet mitzuarbeiten, welches später mit den USA geteilt wurde, aber er entwickelte ein Netzwerk von Kontakten mit den Besuchern von anderen Welten und kam zu dem Schluss, dass sie guten Willens seien. Sie beantworteten seine Fragen und gaben ihm praktische Lösungen, von denen er einige entwickelte. Sie erklärten auch, warum einige unserer Flugzeuge abgestürzt waren, wenn sie zu nahe an die Raumschiffe kamen.

Unterm Strich gibt es aber keinen Fall, bei dem die Außerirdischen den ‚ersten Schuss' abgaben. Wir Krieg treibenden Menschen haben immer mit dem Schießen begonnen. Erst schießen und danach Fragen stellen.

Sicher, die Besucher belästigten unsere Astronauten und unterliefen die Kontrollen in militärischen Anlagen, insbesondere diejenigen mit nuklearen Waffen oder Lagerbeständen. Aber dies geschah alles, um zu versuchen uns etwas mitzuteilen. Die Nachricht ist so klar wie die Nasen unserer Gesichter, die wir im Spiegel sehen. Wir können unseren Planeten nicht mit militärischen Mitteln retten. Wir brauchen eine massive Veränderung in der Verteilung von Ressourcen, weg unter dem Dach der Angst und hin unter das innovative Dach der Hoffnung. Wir müssen die Technologien, welche die Besucher uns gegeben haben, oder besser, die sie bereit waren mit uns zu teilen, nutzen und die fossilen Brennstoffe ersetzen, jetzt, in diesem Jahrzehnt. Nicht in dreißig Jahren, denn es könnte in der Tat zu spät sein. Aber dies erfordert Kooperation und nicht Konfrontation, auf der Erde und im Kosmos.

Jeder neue Krieg sollte zukünftig ein Krieg gegen die Armut, den Hunger, das Analphabetentum, die schlechten Gesundheitsbedingungen und gegen die globale Erwärmung sein. Dies sind die Kriege, die unsere besten wissenschaftlichen, unternehmerischen und politischen Köpfe führen sollten, losgelöst von den Grenzen der irdischen Weltsicht. Wir sollten damit anfangen, indem wir die Wahrheit fordern. Eine Paraphrase der Bibel besagt, dass uns nur die Wahrheit frei macht. Es ist nicht mehr ausreichend, dass wir uns die Welt untertan machen. Die Sternenbesucher haben das Dach, welches unsere Sicht und unser Verständnis vom Kosmos eingeschränkt hat, entfernt und wir wollen nicht, dass eine Hand voll von kurzsichtigen Mr. Magoos diese Sicht wieder verschließen. Die Wissenschaftler des Kosmos, unsere Vettern, wollen mit uns teilen, das Beste von uns, den größten Untertan von allen: den unendlichen Kosmos, und dankt Gott dafür. Und ich danke Ihnen für Ihre intensive Aufmerksamkeit.

Hinweis: Citizen Hearing - deutsch - Paul Hellyer, spricht Wahrheit über UFOs und Außerirdische [13]

Anhang

Das Ende der Geheimhaltung

Der amerikanische Arzt Dr. Steven Greer hat vor Jahren seinen hochdotierten Job als Leiter einer Notfallklinik aufgegeben, um sich mit voller Kraft der ausschließlichen Suche nach der Wahrheit zu widmen. Mit Erfolg! Im Erkennen der unglaublich verzweigten Geheimhaltungsstrategien der verschiedenen Institutionen, betreffend außerirdische Kontakte, gelang es ihm, im Lauf der Zeit dieses Geflecht zu durchdringen, wobei sich ihm immer deutlicher zeigte, dass uns nun seit gut 50 Jahren gewisse Wahrheiten vorenthalten werden.

In einer einberufenen Pressekonferenz im Mai 2001 in Washington hat er aus einer Vielzahl von Kontakten mit über 400 Zeitzeugen hochrangige Persönlichkeiten und Angehörige aus Militär- und Geheimdienstkreisen, aus NASA und Navy vorgestellt, die aus erster Hand über verschwiegene Realitäten außerirdischer Besucher auf unserem Planeten berichteten und alle durchweg ihren Vortrag mit der Aussage beendeten, diese vor dem Kongress unter Eid zu wiederholen!

Steven Greer, M. D.

Laut Greer ist die UFO-Angelegenheit in den Händen von inoffiziellen Projekten, die sich jeglicher gesetzlicher Kontrolle entzogen haben. In diesen Projekten werden Raumschiffe nicht nur registriert, sondern sind bereits abgeschossen und nachgebaut worden. Die außerirdische Technologie wäre dazu geeignet, die bevorstehende Energiekrise zu lösen und die globale Erwärmung zu stoppen – allerdings wissen selbst der US-Kongress und einige US-Präsidenten nichts von diesen Projekten, die laut Greer inzwischen außer Kontrolle geraten und zu einer Bedrohung für die nationale Sicherheit der USA geworden sind.

Im Namen der Zeugen des Disclosure Projekts fordert Greer freie Anhörungen vor dem US-Kongress, um die Geheimhaltung zu beenden, sowie eine umfassende Untersuchung der entsprechenden Geheimprojekte, damit die inzwischen nachgebaute außerirdische Technologie zu zivilen Zwecken freigegeben und friedlich genutzt werden kann. Da diese Thematik hochaktuell ist und wichtig für unseren Bewusstwerdungsprozess, möchte ich auch die einführenden Worte von Dr. Greer hier im Ganzen wiedergeben.

Seine Aussage im Wortlaut:

„Verehrte Journalisten, Menschen der USA und der ganzen Welt, wir sind heute hier, um die Wahrheit über ein Thema aufzudecken, welches seit über 50 Jahren ins Lächerliche gezogen, angezweifelt und abgestritten wird. Die Damen und Herren auf dieser Bühne sowie weitere 350 Angehörige des militärischen Geheimdienstes wurden Zeuge des UFO-Phänomens und außerirdischer Intelligenz. Sie können und werden beweisen, dass wir nicht allein sind.

Anhang

Ich danke der White-House-Korrespondentin Sarah McClendon für ihre Unterstützung im Vorfeld dieses Treffens. Vielen Dank Sarah. 1993 trafen sich einige militärische Berater des Disclosure Projects mit mir auf dem Land in Virginia. Wir fanden, dass es nun für Zivilisten, Militär, Geheimdienste und andere an der Zeit sei, die Wahrheit über das sog. ‚UFO'-Thema zu enthüllen. Seitdem habe ich persönlich einen amtierenden CIA-Direktor informiert, James Woolsey, Präsident Clintons ersten CIA-Direktor. Ich habe auch den Chef des Verteidigungs-Nachrichten-Dienstes (DIA) informiert, den Chef des geheimdienstlichen Generalstabs, Mitglieder des Senats im Geheimdienstausschuss, viele Kongressabgeordnete, Mitglieder der europäischen Regierungen, das japanische Kabinett und andere.

Keiner meiner Gesprächspartner war überrascht zu erfahren, dass es stimmt. Doch waren sie ausnahmslos entsetzt, außen vorgeblieben zu sein.

Wir können dank unserer über 400 überprüften Zeugen nachweisen – Menschen von der CIA, NSA, NRO, Air Force, Navy, Marines, Army, aus allen Bereichen des Geheimdienst- und Militärsektors, sowie aus Unternehmen, die Verträge mit der Regierung hatten – diese Menschen waren an sogenannten ‚black budget'-Projekten oder auch ‚verdeckten, inoffiziellen' Projekten beteiligt. Diese inoffiziellen Projekte kosten jährlich zwischen 40 und 80 Milliarden Dollar. Und sie besitzen Technologien, die unsere Welt für immer verändern könnten. Wir treten nun an die

Öffentlichkeit, weil wir den Kongress sowie Präsident Bush dazu auffordern möchten, eine offizielle Untersuchung und Bekanntgabe der Projekte einzuleiten. Sie sind von größter Bedeutung für die Zukunft der Menschheit, für die nationale Sicherheit der USA und für den Weltfrieden, vor allem Technologien von unbekannten außerirdischen Flugobjekten. Deren Freigabe für die friedliche Erzeugung von Energie und für neue Antriebstechnologien könnte die bevorstehende Energiekrise endgültig lösen, die globale Erwärmung stoppen und die Veränderungen in der Natur korrigieren, vor denen die Erde steht. Wir müssen außerdem als Gesellschaft darüber debattieren, ob es vernünftig ist, Waffen im Weltall zu stationieren.

Sollte es wahr sein, dass wir nicht allein sind – was wir beweisen werden – und dass wir den Weltraum mit anderen Zivilisationen gemeinsam bewohnen, dann wäre es recht unvorsichtig, Waffen im Weltraum zu stationieren. Darüber wird deshalb nicht geredet, weil es nicht auf dem Radarschirm erscheint. Doch genau das sollte es, und darum sind wir heute hier.

Wir können Folgendes nachweisen: Diese außerirdischen Flugobjekte wurden von Radaranlagen erfasst, flogen Tausende Meilen pro Stunde, stoppten und kehrten um. Sie nutzen Antigravitationsantriebe, deren Funktionsweise wir bereits in streng geheimen Projekten in den USA, GB und anderen Orten erforscht haben. Diese Objekte sind auf der Erde gelandet und wurden teilweise sogar abgeschaltet und geborgen, vor allem von Teams in den USA. Außerirdische Lebensformen wurden geborgen, und ihre Flugobjekte werden seit mindestens 50 Jahren genauestens erforscht.

Mit den vorliegenden Aussagen und Dokumenten werden wir beweisen, dass dieses Thema vor Kongressabgeordneten verborgen wurde sowie vor mindestens zwei US-Regierungen, von denen wir wissen, dass die Verfassung der Vereinigten Staaten von der wachsenden Macht dieser geheimen Projekte untergraben wird, und dass dies die nationale Sicherheit gefährdet. Es gibt – wie ich betonen möchte – keine Hinweise darauf, dass uns diese Lebewesen feindlich gesinnt sind. Doch es gibt viele Hinweise darauf, dass sie sich um unsere Feindseligkeit sorgen. Es ist einige Male vorgekommen, dass sie Interkontinentalraketen außer Gefecht gesetzt haben. Die anwesenden Zeugen werden Ihnen diese Vorgänge beschreiben. Sie haben uns klar gemacht, dass wir keine Waffen im Weltraum stationieren sollten. Dennoch beschreiten wir weiterhin diesen gefährlichen Weg.

Wir werden außerdem nachweisen, dass diese Projekte nicht ordnungsgemäß überwacht wurden, weder vom Kongress, dem Präsidenten oder der internationalen Gemeinschaft, und darum zu einer Gefahr für die nationale Sicherheit geworden sind. Aus diesem Grund fühlen wir uns verpflichtet, die Fakten offenzulegen. Dies ist der Beginn einer Kampagne zur Offenlegung. In einem Memo an Präsident Bush habe ich letzte Woche geschrieben, dass diese Kampagne so lange anhalten wird, bis unsere Ziele erreicht sind. Diese sind: Wir wollen, dass offene, ernsthafte Anhörungen vor dem Kongress stattfinden. Wir wollen ein ständiges Verbot von Waffen im Weltraum und des Anvisierens außerirdischer Flugkörper. Wir wollen eine umfassende Studie über die geheimen Technologien, wie diese freigegeben und für friedliche Energieerzeugung genutzt werden könnten, damit die Welt rechtzeitig von fossilen Brennstoffen freikommt und nicht noch größeren Schaden für das Ökosystem nimmt oder aber Krieg, wegen bevorstehender Energiekrise, zu verhindern, der die Erde im nächsten Jahrzehnt ganz sicher erschüttern wird. Dies ist eine Angelegenheit von äußerster Wichtigkeit.

Sie wird lächerlich gemacht – allerdings, ich weiß, dass viele Medien gern über kleine grüne Männchen reden würden. Doch in Wahrheit wird darüber gelacht, weil es so ernst ist. Ich habe erwachsene

Anhang

Männer weinen sehen, die selbst vom Pentagon sind, oder Kongressabgeordnete, und die mich fragten: Was sollen wir bloß tun? Folgendes werden wir tun: Wir werden sehen, dass diese Sache schon längst enthüllt ist. Diese mutigen Zeugen hier, die ersten 21 von über 100 Zeugen, die wir bereits per Video interviewt haben, sind angetreten, um die Wahrheit auszusprechen. Ich erwarte, dass man skeptisch ist – aber nicht unvernünftigerweise. Denn diese Leute, die heute an die Presse treten werden, haben ihre Referenzen. Sie können nachweisen, wer sie sind, und sie waren Augenzeugen von einigen der wichtigsten Ereignisse in der Geschichte der menschlichen Rasse.

Einige der Männer hier haben mir erzählt, dass sie fürdie Nuklearwaffen der Vereinigten Staaten verantwortlich waren. Sie waren vertrauenswürdig und wichtig für unsere nationale Sicherheit, und darum müssen wir ihnen auch jetzt vertrauen.

Monsignore Balducci vom Vatikan sagte kürzlich in einem Interview: Es ist unvernünftig, die Aussagen dieser Zeugen nicht zu akzeptieren. Seien Sie skeptisch – doch das ist nicht dasselbe wie Voreingenommenheit. Dieses Thema ist von großer Wichtigkeit, und ich bitte die Medien, Wissenschaftler und Politiker, es ernsthaft zu betrachten und die richtigen Schritte für die Menschheit sowie unsere Kinder zu unternehmen.

Für die Presse und Kongressabgeordnete haben wir ein 500-seitiges Infodokument mit Aussagen Dutzender Top-Secret-Zeugen. Wir haben einen 4-stündigen Zusammenschnitt – unser Produkt – mit 120 Stunden Interviews, die wir bereits gemacht haben. Diese haben wir auf 4 Stunden gekürzt und stellen sie dem Kongress sowie den großen Medien zur Überprüfung bereit.

Anhang

Wir können nachweisen, dass dieses Thema wahr ist und von größter Wichtigkeit für die Zukunft der Menschheit. Alle, die mir zuhören, möchte ich bitten, kontaktieren Sie Ihren Abgeordneten oder die Regierungen anderer Länder, damit dieses Thema ernsthaft untersucht wird. Damit die Stationierung von Waffen im Weltraum verboten wird, da wir den Weltraum mit anderen Zivilisationen teilen, und damit wir als Volk so schnell wie möglich verstehen, dass die Kindheit der menschlichen Rasse nun endet. Es ist an der Zeit, erwachsen zu werden und unseren Platz zwischen den kosmischen Zivilisationen einzunehmen. Dafür müssen wir eine friedliche Zivilisation werden und wir müssen bei unseren Reisen ins All mit anderen Zivilisationen kooperieren wollen. Wir dürfen diese äußere Grenze nicht mit Waffen besetzen.

Die Damen und Herren, die gleich sprechen, werden dies der Reihe nach von links nach rechts tun. Sie werden sich vorstellen. Ich möchte die Presse bitten, erst Fragen zu stellen, sobald jeder Zeuge ausgesagt hat, wer er ist, womit er persönlich betraut war und was er erlebt hat, als er für die Regierung oder für das Militär tätig war. Am Ende können Sie Fragen stellen, solange wir hierbleiben dürfen. Wir werden Ihnen alle Informationen zur Verfügung stellen, die Sie brauchen. Wir beginnen nun mit unserem ersten Zeugen: Mr. John Callahan."

Hinweis: Originalaufzeichnung der Pressekonferenz:
„Disclosure Project" mit deutschen Untertiteln [12]

Besonders beeindruckend fand ich die Aussage einer im Disclosure Projekt auftretenden Zeugin namens Dr. Carol Rosin.[15] Sie hatte in den Siebzigerjahren persönlichen Kontakt zu Wernher von Braun und berichtete u. a. in ihrer freien Rede darüber:

„Guten Morgen, mein Name ist Carol Rosin. Im Jahre 1974 war ich Lehrerin einer 6. Klasse. Eines Tages wurde ich Dr. Wernher von Braun, dem Vater der Raketentechnik, vorgestellt. Bei meinem ersten dreieinhalbstündigen Treffen mit ihm sagte er zu mir: ‚Carol, Sie müssen die Waffen im All stoppen.' Und ich sagte: ‚Sie wissen doch, Lehrer müssen bis Juni durcharbeiten.' Und er: ‚Nein, Sie müssen verstehen, wir haben Februar und wir müssen die Waffenstationierung im All verhindern, denn es gibt eine Lüge, die allen erzählt wird, dass die Waffenstationierung im All vor allem wegen der bösen Russen sei. Doch es gibt viele Feinde, wegen denen wir diese Weltraumwaffen bauen werden. Die ersten davon waren die Russen damals. Dann werden es die Terroristen sein und dann die Dritte-Welt-Länder. Jetzt nennen wir sie ‚Schurkenstaaten' oder ‚bedenkliche Nationen'. Dann wäre es wegen der Asteroiden. Und dann – er wiederholte es immer und immer wieder – und der letzte Trumpf, der letzte Trumpf wird die außerirdische Bedrohung sein.' Nun damals lachte ich, als er ‚Asteroiden' und ‚Außerirdische' sagte. Ich wusste, dass ich mich damit nicht beschäftigen würde. Und jetzt hören wir in den Nachrichten – erst heute – diese Woche, dass sie einen neuen Feind reingebracht haben, nur diesmal geht es um die Satelliten. Anders gesagt: Wir brauchen irgendeinen Grund, um diese Trillionen auszugeben, um dieses Geld für Waffensystem im All einzusetzen, und sie sind alle gelogen. Dieses System, sagte er mir, wäre völlig nutzlos. Schon damals erzählte er von Kofferbomben, von chemischer, viraler, bakterieller und biologischer Kriegsführung, vor denen uns Waffen im All niemals beschützen würden. Er sagte: ‚Wenn Sie um die Welt reisen werden ...', was ich nach seinem Tod 1977 tat. Ich traf Menschen in über 100 Ländern. Sie waren Freunde und wollten keine Waffen im All. Ich wurde Berater für Weltraum und Raketenabwehr. Ich arbeitete mit Menschen aus der ganzen Welt zusammen und wurde Beraterin der Volksrepublik

China. Dort will man keine Waffen fürs All bauen. Er hat mir schon damals erzählt, dass sie das nicht wollen. Er sagte: ‚Fahren Sie nach Russland, die werden für den Feind gehalten.' Ich flog selbst hin, und als ich in Russland ankam, hatte ich eine Liste von Leuten aus der Zeitung, Tschernenko war damals im Amt. Bis auf ihn wurde ich allen vorgestellt, als ich hinkam. Als ich zurückkam, wusste ich: Oh mein Gott, dieser Mann sagt die Wahrheit! Es gibt keine Bedrohung.

Ich habe 27 Jahre auf diesen Tag gewartet. Ich gehe davon aus, dass man uns täuschen wird, denn er erklärte mir: ‚Als Militärstrategin und jemand, der an der MX Rakete mitarbeitet (was ich später tat), werden Sie sehen, dass sie irgendeinen Feind vorschieben werden, wegen dem wir Weltraumwaffen bauen müssen.' Und nun sollten wir uns auf diese Täuschung gefasst machen, denn – wie er sagte: ‚Die Formel der Geheimdienste lautet:

Sie **könnten** eine Waffe haben. Dann müssen wir annehmen, dass sie **tatsächlich** Waffen haben. So, jetzt **haben** sie also diese Waffen. Und darum **müssen** wir diese Waffensysteme bauen. Das ist die Formel, doch sie basiert vollständig auf einer Lüge.'

Unsere Zeugen hier haben Ihnen gezeigt, dass die Außerirdischen und die Flugobjekte, die hierherkamen, nun keine UFOs (unbekannte Flugobjekte) mehr sind. Es sind identifizierte Flugobjekte und wir wissen, dass Lebewesen an Bord sind. Unsere Zeugen haben Ihnen erzählt, dass diese unsere Raketensilos abschalten können, dass sie Raketen am Start hindern können. Wir haben Zeugen hier, die in geheimen Abteilungen tätig waren, und die den Mut haben vorzutreten, um das zu unterstützen, was mir Wernher von Braun schon 1974 bis 1977 gesagt hat. Ich werde vor dem Kongress aussagen, *dass ich das von mir gegründete Institut für Sicherheit und Zusammenarbeit im Weltraum vor einigen Jahren wieder aufgelöst habe, weil ich nicht glaubte, dass wir eine Chance gegen dieses riesige, weltumspannende Waffensystem hätten und dass wir es jemals schaffen würden, die Kriegsindustrie zur Weltraumindustrie zu transformieren,welche uns von Nutzen sein könnte, wie Dr. Greer bereits gesagt hat. Wir können die globale Erwärmung stoppen. Wir können die Energiekrise beenden. Wir können jetzt schadstofffreie Technologienbauen. Wernher von Braun erzählte mir, dass wir schon damals Autos hätten bauen können, die über dem Boden schweben. Er hat es mir so beschrieben, auf Strahlen, ohne Umweltverschmutzung für den Planeten. Wir können die dringenden potenziellen Probleme lösen, die der Mensch, die Tierwelt, die anderen Kulturen auf der Erde und im Weltall haben. Und wir können das Wettrüsten beenden, ohne Arbeitsplätze zu verlagern, ohne die Wirtschaft zu beeinträchtigen, indem wir, wie Wernher von Braun mir sagte, die Kriegsindustrie zu einer globalen, kooperativen Weltraumindustrie machen. Dies wird mehr Arbeit und Nutzen für den Planeten schaffen, als jeder Heiße oder Kalte Krieg. Mehr Produkte und Dienstleistungen, die direkt zur Lösung der Probleme auf diesem Planeten beitragen. Wir können nun auf dem ganzen Planeten in Friede zusammenleben, gemeinsam mit allen Kulturen der Erde und allen außerirdischen Kulturen im Weltraum. Diese Worte sagte mir Wernher von Braun im Jahre 1974! Ich werde dies alles vor dem Kongress unter Eid aussagen – und mehr."*

Literaturverzeichnis

1 Arnold, Johanna: Mit deinen Händen heilen, Synergia Verlag, 2018, ISBN 978-3-944615-12-7

2 Abd-ru-shin: Im Lichte der Wahrheit – Gralsbotschaft, Verlag der Stiftung Gralsbotschaft, Stuttgart 1987

3 Haich, Elisabeth: Einweihung, Aquamarin Verlag, 2007

4 Hinze, Oscar Marcel, Co-Autor in: Symbolon, Band 5, Schwabe& Co, Basel/Stuttgart 1966

5 Redfield, James: Die Prophezeiungen von Celestine, Ullstein, Berlin 2004

6 Schwab, Günther:
Der Tanz mit dem Teufel, 2. Auflage, Adolf Sponholtz Verlag, Hannover 1958

7 Implantierte RFID Chips:
https://www.youtube.com/watch?v=Cjg1KUpoUj0

8 Chemtrails Vortrag:
https://www.youtube.com/watch?v=a9g5LIFc8Y4

9 Greer, Steven, M. D.: Verborgene Wahrheit, Verbotenes Wissen, Mosquito Verlag, 2007

Literaturverzeichnis

10 The day after Roswell:
https://www.youtube.com/watch?v=u2IpfzaZwH4

11 Philipp J. Corso: Der Tag nach Roswell
ISBN 9783442552993 / 3442552990

12 Disclosure Pressekonferenz mit deutschen Untertiteln:
https://www.youtube.com/watch?v=z97WBLxVMww

13 Hon. Paul Hellyer:
https://www.youtube.com/watch?v=WxF7utWfdy0

14 Dr. Laibow, Rima:
https://www.youtube.com/watch?v=EiUbbxczlSY

15 Disclosure Projekt: https://siriusdisclosure.com/

16 Ruppel, Peter: Maya 2012, Geheimes Wissen und Prophetie, Schirner Verlag, 2008

17 Haller, Gerda: Ein Tag wird kommen. Gespräche in Rom, Verlag Jung und Jung, Salzburg 2004

18 Crimson circle: https://www.crimsoncircle.com/

19 Deutsche Übersetzungen des crimsoncircle auf: https://www.to-be-us.de/

20 Lee Caroll: https://www.leecarroll.de/

Literaturverzeichnis

21 http://www.exopolitik.org/index.php?option=com_content&task=view&id=216&Itemid=1

22 Wikipedia: https://de.wikipedia.org/wiki/R%C3%BCstungsindustrie (Wikipedia)

23 Ein Indigo Junge vom Mars: https://transinformation.net/ein-indigojunge-vom-mars-erzaehlt-von-seinen-erinnerungen%e2%80%ac%e2%80%ac/

24 Arguelles José, Der Maya-Faktor, deutsche Übersetzung Eigenverlag M. Bender, Gössenheim 2000/2001

25 Bischof, Marco: Biophotonen. Das Licht in unseren Zellen, 1995

26 Erler, Hannes: http://www.om-page.de

27 www.nikken.com/eu/Gesundheitspraxis

28 Wolfram, Stephen: A New Kind of Science https://www.wolframscience.com/nks/

QUINTA ESSENTIA

– alchemistische Kunstwerke aus der Natur

Bei der Quinta Essentia handelt es sich um ein aufwendiges arzneiliches Herstellungsverfahren. Basierend auf der Philosophie der Alchemie steht es symbolhaft in Analogie zur geistigen Entwicklung des Menschen.

Broschüre 44 Seiten   **15,00 €**

www.gesundheitspraxis-ja.de

LUDWIG II.
Aufstieg ins Licht

Johanna Arnold

Ludwig II.
Aufstieg ins Licht

von Johanna Arnold

Was in den letzten Lebenstagen König Ludwigs II. vor sich ging, zählt gewiss zu den aufwühlendsten Ereignissen der bayerischen Geschichte. Das Drama endete mit dem Tod des Herrschers und seines Psychiaters Dr. Bernhard von Gudden, wobei die Hintergründe nie befriedigend aufgeklärt wurden. Die Auswertung aller verfügbaren Akten und Berichte hat bislang kein klares Ergebnis gebracht. Wie die Ereignisse sich wirklich abgespielt haben, das berichtete Ludwig II. selbst während einer medialen Sitzung in der Venusgrotte von Schloss Linderhof, die Ende der 90-er Jahre des letzten Jahrhunderts in Anwesenheit des damaligen Schlossverwalters Julius Desing durchgeführt wurde. Diese aufklärenden Durchgaben sind im Buch - LUDWIG II. AUFSTIEG INS LICHT - wortgetreu wiedergegeben. Eingebunden in eine spannende und romantische Erzählung, in welcher ein weiter Bogen gespannt wird der irdisches und jenseitiges Sein umfasst, wird der Leser mit wichtigen Erkenntnissen vertraut gemacht, die sein eigenes Leben bereichern werden.

Johanna Arnold Eigenverlag, 2013, 312 Seiten, gebunden
ISBN: 978-3-000359-21-7   23,50 €

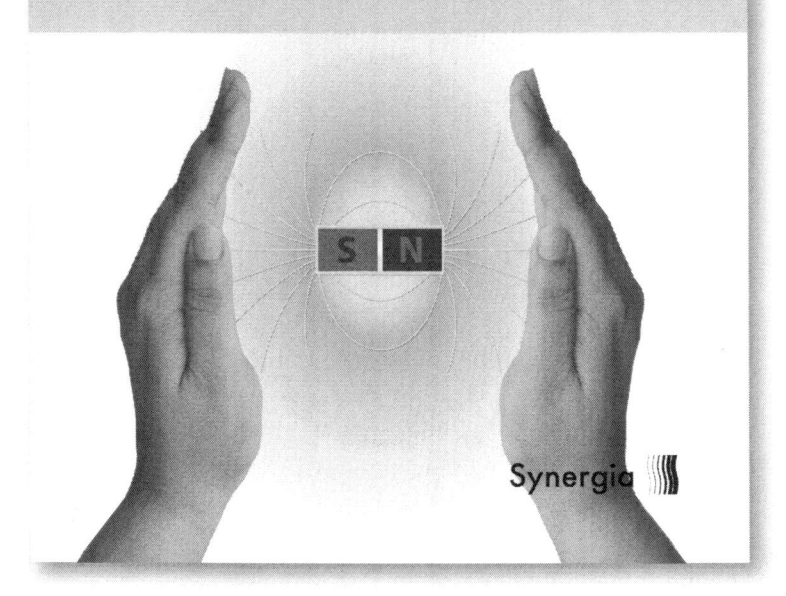

Johanna Arnold

Mit deinen Händen heilen

Heilmagnetische Ordnungstherapie in Theorie und Praxis

Synergia

Mit deinen Händen heilen

Heilmagnetische Ordnungstherapie in Theorie und Praxis

von Johanna Arnold

Was die Welt im Innersten zusammenhält, ist – nach diesem ausführlich und fundiert recherchierten Buch – der Magnetismus, der allem, was existiert, innewohnt. Magnetische Felder sind das Bindeglied zwischen den verschiedenen Dimensionen und Schöpfungsebenen, im Großen wie im Kleinen. Wie man dieses Wissen – das hier so leicht verständlich dargelegt wird, dass es auch für Einsteiger gut nachvollziehbar ist – auf die Bereiche Gesundheit und Heilung anwendet, zeigt die Autorin eindrucksvoll und immer praxisnah. Sie beschreibt, wie die menschlichen feinstofflichen Körper mit dem Grobstofflichen verwoben sind und wie der Heilmagnetismus ganz konkret wirkt. Anhand einfacher Übungsanweisung lernen Sie, wie die Magnetfelder eines Menschen durch bewusstes Handauflegen zurück ins natürliche Gleichgewicht gebracht werden, sodass die Selbstregulierungskräfte im Organismus wieder greifen können.

überarbeitete Neuauflage 2018. 251 Seiten, kartoniert
ISBN: 978-3-944615-12-7 17,90 €

+49 (0) 61 54 - 60 39 5-0
info@synergia-auslieferung.de
www.synergia-auslieferung.de

Synergia